走在课堂边上

黄嘉宏 著

SPM
南方出版传媒
广东人民出版社
·广州·

图书在版编目（CIP）数据

走在课堂边上 / 黄嘉宏著. -- 广州：广东人民出版社，2017.8（2018.4重印）

ISBN 978-7-218-11990-8

Ⅰ.①走… Ⅱ.①黄… Ⅲ.①中学教育—教学研究 Ⅳ.①G632.0

中国版本图书馆CIP数据核字(2017)第203337号

ZOU ZAI KE TANG BIAN SHANG
走在课堂边上 黄嘉宏 著

版权所有 翻印必究

出 版 人：肖风华

责任编辑：李锐锋
特邀编辑：焦丹阳 刘 颖
装帧设计：蓝美华

统　　筹：广东人民出版社中山出版有限公司
执　　行：何腾江 吕斯敏
地　　址：中山市中山五路1号中山日报社8楼（邮编：528403）
电　　话：（0760）89882926　（0760）89882925

出版发行：广东人民出版社
地　　址：广州市大沙头四马路10号（邮编：510102）
电　　话：（020）83798714（总编室）
传　　真：（020）83780199
网　　址：http://www.gdpph.com
印　　刷：广东信源彩色印务有限公司
开　　本：787mm×1092mm　1/16
印　　张：16　字　　数：184千
版　　次：2017年8月第1版　2018年4月第2次印刷
定　　价：35.00元

如发现印装质量问题影响阅读，请与出版社（0760-89882925）联系调换。
售书热线：（0760）88367862　邮购：（0760）89882925

序｜用文字方式传播思想

读一个人的文集，就像观察一个人行走的足迹。在一篇篇文章中，能清晰地看到作者选择了怎样的人生道路和行走方式。读黄嘉宏老师的《走在课堂边上》，一个锐意进取的教育改革思想者和实践者如在眼前。

从事教育工作二十多年，黄嘉宏老师大致有两个身份：一是语文教师，主要工作对象是学生；二是中山市南朗镇教科研工作管理者，工作对象主要是教师。工作方式不同，但"思而行"却一以贯之。

20世纪90年代末，基础教育积弊已深，已有数年初中语文教学经历的黄嘉宏老师开始思考语文教育和学生发展的关系，试图改变课堂，给学生的发展创造更大的空间。进入新世纪，新一轮课程改革启动，但受到"应试"文化的对抗。他想让学生素质更全面，讲一些不考的内容，但一些学生却说不考的内容不应该学。黄老师没有生气，学生这样想，是环境使然，说明改革刻不容缓。他看到了自己责任。他入情入理地向学生阐述语文课对终身发展的价值，争取他们对课堂改革的支持。

他成为南朗镇教科研管理人员后，工作重心调整为如何改进教育教学管理，促进教师专业发展，深化课堂教学改革，提高全镇中小学教育教学质量。黄嘉宏老师深入教育现场，针对本镇教育实际，对一些全局性、根本性的问题进行思考。如：怎样提升教师的文化底蕴？怎样让学校工作以课程教学为中心？促进学生发展的课堂特征是什么？怎样克服仅以考试成绩评价学校质量的弊端？他认为，作为教科研管理者，仅坐而论道是不够的，同时应该是一个行动者。对一些重要问题思考之后，紧跟着的应该是提出解决问题的方案并实施。

这正是黄嘉宏老师的工作模式。倡导读书，后面接着开展师生读书交流活动；让学校领导关注教学，后面接着举办有行政领导参加的教学比赛；倡导"一本三有"课堂，后面接着课堂评价标准的制订与使用；倡导全面评价学校质量，后面接着制订新的质量评价体系。这种"调研—思考—实践"形成首尾连接的回路，是基层教科研管理工作的有效方式，值得学习借鉴。

黄嘉宏老师勤于笔耕。这既是一种积累思想成果和实践经验的方式，也是一种工作方式。对基层的指导不能限于即兴的、口耳相传的形式，通过深思熟虑之后用文字方式来传播思想，影响会更大。此次他的文章结集出版，将使更多的人获得分享的机会。

功崇唯志，业广唯勤。相信黄嘉宏老师今后会有更多的笔耕成果面世。

中山市教育教学研究室副主任　陈春艳
2017年7月1日于石岐

代前言 | 一方热土，一掬挚情

翠亨—南朗—中山—南朗。

一条浅浅淡淡的职业生涯轨迹，记载着一位挚爱教育事业的追梦者脚步：翠亨是伟人孙中山先生的故里，亦是我心中的圣地，1992年大学毕业后就来到这座村镇的初级中学——翠亨中学，这里是我教育职业、人生成长的起点。1998年，翠亨村镇并入南朗镇。2002年，被调入镇里最大的学校——云衢中学负责教学管理工作。2007年，进入镇教育主管部门承担全镇中小学的教科研管理工作。2014年10月，被调入中山市教育局招生部门，进入中山教育人梦寐以求的"庙堂"。2015年9月，又申请回到南朗这方热土，重新抒写对基层教育的一掬挚情。

这就是我迄今为止25年的教育职业之旅，也是一生教育梦的归宿地。蓦然回首间，这方热土见证了我的风华正茂，承载着我人生的每一个梦想……深情回眸间，请跟我一起回看几个镜头吧：

镜头一："回归"

2015年8月28日下午2：30，中山市南朗镇政府一楼大厅，我出现在会议签到处。在即将到来的3点钟，南朗镇党委政府将举行一年一度的全镇奖教奖学表彰大会。看到我，很多来开会的学校领导和老师都诧异不已，纷纷问道："你回来了？""你真的回来教办了吗？""市教育局不是很好吗？你为什么调回来了？"

真的调回来了。之后的一段时间里，有关我调回原因的版本众多，不一而足。其实真相并不似传闻那样扑朔迷离。

2014年10月，国庆节刚过，中山市教育和体育局（简称市教体局）一位副局长打电话给南朗教办（名称一直在变，历称教育办公室、教科文卫办公室、文体教育局，现名教育事务指导中心）主任，说市教体局急需用人，看中了黄嘉宏，请予以支持，并马上进入调动程序。教办主任一听，不同意放人。无奈之下，教体局局长、副局长分别给镇党委书记及镇长打电话，请求支持，教办主任才最终放人。不到一年的时间，我申请调回南朗教办，从教办主任到镇党委书记、镇长均马上同意了。市教体局局长、副局长最终也理解了，在不舍中同意我回镇区从事教育管理工作。部门负责人更觉突然，已逐渐习惯我的做事风格和效率，直言欣赏我的能力……

事情就是这么简单，不似传闻那样复杂。这简单的"回归"背后，是自己对基层教育深深的热爱，对专业发展无比的挚情，更是对这一方热土无限的执着和深厚情意。

也有些教师表示：他回来了，我们心里就更"定"（放心）了，我们又有指路人了。其实，回归到南朗教育的大家庭中，最心"定"的是我自己，因为我对教育事业的挚爱有了更坚实的着陆点。

镜头二：听课

"黄主任又来听课了。"只要走进南朗镇各中小学的大门，老师们私下奔走相告或见了我，一定会说这一句话。作为最基层的教育主管部门，尤其是负责教科研管理工作的自己，一年之中有近一半的时间都泡在学校尤其是课堂里。新教师课堂教学调研、随堂课调研、组织骨干教师课堂教学大赛、组织某个学科或某个年龄段的所有教师参加教学综合技能比赛（其中一项必有课堂教学评价）、组织学科组教研交流活动……作为教育者，我认为一切的教育梦想、教育宏图，其承载点必定是课堂；要使一切美妙的教育理念落地，其承载点也必定是课堂。课堂是学生成长成人的阵地，是教师不断实现生命价值的舞台，亦是一切教育理论和教育思想生发和完善的主渠道。

每一年，都要听200节左右的课。南朗镇有500余位中小学教师，每一位教师都可以叫出名字，几乎所有老师的课都听过，有些老师的课堂还进过不止一次。每次进课堂，都带着学习、交流的心态，在老师缓缓呈现的40或45分钟的课堂里，我是一个学习者、观察者、记录者和思考者。每听完一堂课，都会利用课间时间和授课教师交流（评课）。首先，会称赞老师的可取之处，给予充分的鼓励和赞赏，随后提出供老师思考和改进的建议。短短的交流，没有所谓的上下级关系，也没有疾言厉色或声色俱厉，只有和颜悦色的平等沟通。此外，若是对某校进行了较大范围的课堂调研，也会做面向教师的集中反馈评价，和广大教师分享课堂的得失并提出更高的期望。

几年下来，我听课所用的簿子已积了厚厚的一摞，这是一笔值得珍藏且无比宝贵的精神财富。在听过2000多节课之后，自己也慢慢整理出了自己的"一本三有"的常态课课堂观。"一本"即学生为课堂教学的根本，是课堂存在、教师存在的根本，是课堂学习的主体。这个"本"立足于每一个学生，目的是努力使得每一个学生在每节课中，都有真正的提高和进步。"三有"就是有目标（课堂目标明晰、具体、可操作、可检测监测）、有序（课堂管理有序、平等、尊重、自由）、有效（课堂效率高、人人参与、人人有收获）。我把这些思考整理成《随堂课水平才是质量的根本》一文，发表在了2014年8月27日的《中国教育报》上，还被《教育文摘周报》全文转载。

镜头三：晨灯

我是一个执着的教育思考者，似一个常在稻田边奔走的"农技师"。作为一位连接理论和实践最密切的基层教育管理者，一方教育事业发展的指引者，如果不经常深入学习和思考，久之便无发言权。

因此，我成为了一个执着不懈的教育阅读者（当然不只是阅读教育类的书刊）。在自己的人生里，没有消磨时光的麻将等娱乐为伴，一天紧张的工作之余，除了锻炼身体，把时间都留给了阅读和思考。每晚11点前必然安寝，睡前执一册书，斜倚床头，待上下眼皮开始亲昵，才放下书本，进入梦乡。清晨四五点钟，无需闹钟催促，已自然醒来。在万籁俱静的黎明前夕，泡一杯清茶，茶香袅袅间，展开一本书，进入思想的海洋。其实，自己读书比较杂，人生励志类的如《意林》《读者》，教育类专业书报如《人民教育》《中国教育报》《课程 教材 教法》《教师博览》，经典文学作品如《论语》《平凡的世界》《百年孤独》《雾都孤儿》《繁花》等，都会随缘涉足。

我是一个惯用笨办法的"笨伯"，无论读什么书，都会读两遍。第一遍细细地品着阅读，并做一些记号。如果是自己的书，常会圈圈画画，甚至写上感受。如果是借来的书，就轻轻地在当页折一个极小的角。读第二遍时，便摘录下值得学习的语句或思想精华。就这样，一本书无论如何都有读过的痕迹。看着已积累下的一摞摞摘抄本，感觉每一天都在收获，一点自足感油然而生。这一点点的自足感，也不断垫高着我的人生厚度，推促着我自己不断向前。

作为一个工作较勤勉的人，正是有了长期的阅读积累，常将读书的收获和自己的工作结合在一起思考。想得最多的一个问题是：如何把工作做得更好？每天都会思考，在所读之书和自己的实践之间，是否有可以联系的支点，这个支点是不是可以成为撬动我工作创新的着力点，从而推动事业不断向前。还有一个小习惯，即手边常备一个小小的笔记簿和一支笔，只要有什么灵感，都会赶紧写进我的"锦囊"中。这个小小的簿子，在自己需要写工作小结、工作随笔、学科论文和管理心得时，就是最好的素材库。

因为热爱阅读，热爱教育，每天都用心地读书、生活、思考和实践，而这个习惯也推动着自己不断走在成功的路上。皇天不负有心人，25年间，我发表或获奖的教育教学研究文章已有近百篇。在此期间，我还攻读了在职教育硕士，并在工作后的第12年评上了中学高级教师职称。

最欣慰也最重要的是，南朗这一方热土，因我等几个教育追梦者的呼吁和引领，一批教育的有志者正凝聚成一股向上的力量，搅动着日渐"老龄化"的教师队伍，朝着专业发展的方向一点点前行。

镜头四："养料"

在南朗教育人这里，有两个交流的学习平台，分别是"南朗教育群"

（QQ群）和《南朗教育》（期刊）。在Q群里，每周一必传送10—15篇教育教学文章到群共享，供全镇广大教师学习参考。现在改为每半月推送一次。

这件看似小小的工作，缘于2009年11月我与一位老师的谈话。他说一线老师很忙，没有多少时间读书，也不知道读什么样的书。听后便利用现代技术资源，将读到的有关教育教学的好文章记录下，一篇篇整理好后供老师们下载学习，还由此创立了一个"南朗教育公共学习邮箱"，共享账号及密码，方便老师进去下载资料，进行自我学习。后来，有了QQ，我便创立了一个"南朗教育QQ群"，把这些学习资料上传到群共享里，方便老师们学习。

这件小小的事情坚持了近八年，不曾停止过一个工作周，哪怕调入市教体局，也提醒同事不要断了这个供给老师们学习"养料"的渠道。

有人说，这世上最难的便是坚持。其实，只要热爱，就有坚持下去的动力和激情。坚持背后，安放着执着振兴南朗教育事业的梦。这梦，一个人不可能完成，需要一个有同样事业心的团队，一个能坚持学习、创新实践、思考的团队。我愿做这样的"吹号者"。

镜头五：文化（教育梦）

南朗镇是伟人故里，虽然我们一直以伟人故里人而自豪，但是南朗镇的教育软实力并不强，可以说与伟人故里的遐迩闻名无法相配。作为南朗教育人，面对较为薄弱的教育事业基础，改变、提升教育软实力责无旁贷。我和大家一起边学习、边思考、边实践，如今走在了一条相对正确的区域教育优质均衡发展之路上。

在实践中，我们慢慢摸索出了一条前进的路子——立足队伍促成长，抓实课堂提质量，定好评价作导向，特色推进展新貌，文化提升强品质。从2007年起，在领导支持下，针对存在于南朗教师队伍中"小富即安"的普遍心态，确定了通过组织各种类型的比赛，如教学技能综合比赛、骨干教师课堂大赛、某一学科教师全员性的教学综合技能赛、某一年龄段教师全员性的教学综合技能赛、新教师综合技能比武等，促进教师队伍专业发展成长的思路。所以，南朗镇几乎每一个学期都有一场面向全镇的大赛，老师们也从一开始的不理解、不配合，到理解、支持并乐于展示参与交流。

评价是一个重要的导向。为引导中小学校树立全面的育人质量观，我们学习了中山市教研室和东区教办合作完成的科研成果——"小学综合质量评价体系"，结合本镇的实际，制订了南朗镇小学教育教学质量综合评价制度，打破过去只评价语文、数学、英语等统考学科，以及只评价平均分等指标的一考定评价的做法，将这一范围扩充到对学校教育教学管理的过程管理、教师教研水平和学生特长发展水平的评价，除语文、数学、英语外，还进行音乐、美术、体育、信息技术、科学、书写（书法）等学科的全面评价。对各阶段学校的质量综合评价，也改变过去排出先后名次的做法，转变为只要达到既定的奖励标准，无名额限制全部可获一等奖。我们还利用每年镇政府奖教奖学大会的平台，大力表彰和宣传教育教学质量先进学校。对初中学校、中职学校的评价，参照市局的评价方案，实行过程管理和终结管理相结合的方式，推动学校质量的提升。

如今，各中小学已能自觉将工作重点放在抓队伍、抓全面质量提升上，然而一所学校要走得更远，就必须有自己的文化特色。在充分分析教育发展方向后,我们将建设有品质的学校文化作为今后较长一段时间南朗教育事业追求的方向。2011年,南朗镇就将学校教育特色项目的建设作为一个突破口,从建立校本特色课程和特色项目起步,朝着打造特色学校教育,形成学校特色文化和高品质文化努力。五六年来,南朗镇中小学的校园生动活泼,老师有事业发展的活力。这条高品质的学校文化之路还在延伸,不过只要心中一直有梦,总会有接近梦想的那天。

欣喜于自己能够成为伟人故里——南朗这一方热土教育事业发展的亲历者、见证者,二十多年来,振兴教育事业的责任在肩,不敢懈怠,好在心中一直饱含着对这份事业的挚爱深情。甘愿捧出自己这颗滚烫的心,搁在手,往前走,扛稳那杆旗,携手可爱的南朗教育人,一同奔向那教育梦的彼岸……

(本文获2015年广东省教育厅第五届"弘扬高尚师德,争做四有好教师"师德主题征文一等奖)

目 录

1　第一章　　会动脑的教育：课堂思考

2　"一本三有"课堂观

6　建设高效课堂文化

13　谨守课堂时间边界

16　课堂错误，宝贵资源

20　课堂调控，有法可循

23　课堂专注，有法可据

26　少点"告诉"，多点探究

29　请记住学生的名字

33　以学生为学习主体

41　笑着走出课堂

| | 43 | 第二章　　静悄悄的革命：语文教改 |

	44	饮水开源话语文
	48	语文教育的目标定位
	52	"小儿科"激活大课堂
	59	语文教学中的"主宾之道"
	64	独立阅读能力之培养
	68	文言文教学之范背
	70	着眼于学生发展的语文课程标准
	76	创新写作教学的根本——观念更新
	80	作文创新的"实验田"
	84	在作文教学中培养成就动机
	88	还鸟儿以飞翔的天空
	93	培养语文教育意识
	98	不考的内容就不学吗？
	100	中考前语文的复习与备考

102　第三章　无壁垒的学校：管理我见

103　教育的使命

106　教育质量提升的突破口

110　文化是学校发展之魂

113　教育的幸福就是希望

115　四个抓手推进区域特色学校建设的实践探索

124　学校管理倡导"浅竞争，深合作"

127　"走班制"会成为中山教育新的增长点吗？

131　学校"重点班"当休矣

134　别把小学建成"碉堡"

136　别做无能校长

138　不妨开设"未来家长课"

140　坚强是父母身教第一要点

142　礼仪教育应从小重视

144　学校不该只有一种声音

146　布局调整势在必行

148　平民意识教育势在必行

150　请对幼儿写字说"不"

152　"差生"是可以预防的

154　该不该给学生压力

157　小灰雀与海鸥

159　做大更需做强

161　教育请少找客观原因

164　还是应坐班为好

166　学校期待少些检查

168　也说"办人民满意的教育"

170　应增加小学教师编制

173　教育公平路正长

177　**第四章　　吾日三省吾身：专业发展**

178　老师，你的一言一行很重要

180　教者的最高准则

183　从郎平带女排的成功谈教师队伍培养

186　新教师培养：从方向到方法

190　学生亦为吾师——读《汤普森夫人》有感

194　让师爱注满教育之池

197　做个有思想的教育者

199　从触动到行动

202　教师须德才兼备

204　向魏书生学什么

210　勇于否定，便是超越

214　育人第一

217　善听方善教

220　教到好学生是老师的幸运

222　读书二三事

230　附　录

234　后　记

第一章

会动脑的教育：
课堂思考

民主、尊重、平等，
构建以学生为学习主体的课堂文化。

"一本三有"课堂观

笔者在广东省中山市南朗镇教育中心负责中小学教研工作。南朗镇辖区内有两所中学、六所小学、540多名教师,教育发展水平在全市属中游。经调研分析发现,阻碍教育事业发展的主要原因是教育治理视野不宽,教师教育理念与行动脱节,特别是课堂教学实效不高。为解决这些问题,多年来我们致力于通过组织两年一次的中小学骨干教师课堂教学比赛和全员参与、分年龄段的中青年教师教学综合技能比赛,引导学校管理者和教师自觉将教育教学工作聚焦于课堂,借课堂的改革推进教育质量的提高。

一、随堂课最养人

两年一次的骨干教师课堂教学比赛,只提前两天公布竞赛范围,主要考察评价参赛教师的课堂教学水平。每学期举行的全员性中青年教师教学综合技能比赛，成绩中占比最大的是随堂课教学评价。比赛采取的大多是评委组观评随堂课的形式，不提前预约，由组织者临时决定观哪个课堂。这样做的目的是希望每一位教师能够把每一节随堂课上好。不打招呼就进课堂观课，看似不尊重执教者，但目的是借每一节最常态最真实的课，与教师进行最真诚的交流。每节课后，评委组都会和执教者进行课间短时间的交流，之后在全校范围内进行集中反馈评价，待整个比赛结束后，在全镇进行全面反馈。观随堂课更深的意义是帮助执教者确立正确的课堂观、学生观、质量观，提高其专业发展意识，体现专业价值，实现专业尊严。

上课犹如吃饭，大餐是专家的课、比赛的课，只适宜偶尔吃吃。随堂课就像在家亲手做出来的一餐又一餐，是养人的课。因此老师一定要努力把每一节随堂课上好，让学生在一节节课中体验生命的存在与价值，提升学科素养。同时让教师在这一节节的随堂课中体悟到教师职业的价值，增强作为老师的幸福感。

二、随堂课大多还是传统惯性

笔者每年听 200 节左右的课，但发现真正符合新课程教学理念的课比重竟不足 40%。调研分析后发现，其最主要的一个原因是在随堂课上，"惯性"一直在顽固地支配着教师的教学行为。在公开课、展示汇报课、竞赛课等教研活动中，不少教师会花很多时间并借助备课组的力量做充分准备，确保自己能够按照新课改的理念来执教。然而随堂课时，老师们又不自觉地回到传统的以教材为中心、教师为中心、知识传授为中心的老路上。为了完成教学任务，课上老师不断地抛出问题，而能快速回答问题的又只是那些反应快的学生，更多的学生成了观众。课堂提问固然重要，但是提问若不能引导每一个学生去思考，让学生获得均等的发言机会，其意义又何在？这就需要我们改变课堂教学的方式。而只有老师讲、学生听这样一种学习方式的课堂，学习的效果会大打折扣。教师在教学设计时，就要清楚这堂课要为学生设计哪几个清晰而具体的学习目标，为落实目标应该设置哪些学习环节，每一个环节如何让每个学生真正有较充分的时间去思考。至于一节课的学习环节，建议设置两三个最好，多了反而无法有效达成，甚至有走程序之嫌。因此作为教师，一方面要深入了解学生的认知基础，另一方面还要不断提高对教材的解读能力，创造性地使用教材。

三、在观随堂课中发现真问题

随堂课的观摩可以帮助我们发现一些较突出的共性问题。首先是学科课程目标意识的随意性。在课后与教师交流研讨时，我们常常建议教师们加强对学科课程标准的掌握理解，因为学科课标是学科教学的根本纲领和宗旨，是学科教学的基础。如果手中没有纲领，教学的结果大多是低效的。

随堂课也反映了另一个较集中的问题，即教师的课堂组织能力。一堂课要达成学习目标，课堂组织也很重要。课堂要有序，首先应帮助学生建立学习的规矩，养成良好的学习习惯。其次需要明了学生的学龄段心理与认知能力，并据此做出不同的课堂组织策略。对于小学低龄段，应侧重于良好学习习惯的培养，即帮助学生确立课堂规则意识。而小学中龄段和高龄段，则要引导学生用小组竞争与合作的方式组织课堂。从小学中高龄段到初中学段，逐步引入小组合作学习策略。课堂的有序组织还包括对学习环节的设计遵循由浅入深的课堂内在逻辑。

最后，随堂课的观摩所凸显的问题是教师的课堂反馈意识较弱。课堂即时巩固、反馈和评价检测同样重要，教师应尽可能在每一个学习环节结束之前，留一点时间给学生进行自我巩固或同桌、小组间的互相评价。在此过程中，老师可以了解学生掌握新知识、新方法、新能力的情况，并对薄弱学生进行贴身关注、辅导和鼓励，将"辅差"任务分解到课堂教学的各个环节中。

这就是笔者一直提倡的"一本三有"随堂课课堂观。

双赢课堂

"一本"即学生为课堂教学的根本，这个"根本"是指每一个学生。"三有"就是有目标（即课堂目标明晰、具体、可操作、可检测监测）、有序（即课堂管理有序、平等、尊重、自由）、有效（即课堂效率高、人人参与、人人有收获）。

建设高效课堂文化

始于 2001 年的新课程改革，不知不觉间已经走过了 16 个年头。这些年，我经常泡在课堂中，尤其对课程改革的出发点和归宿点有着很浓的研究兴趣：新课程改革的出发点和归宿点到底是什么？课堂应该给学生提供什么？作为课堂主导者的教师，应该建立一种怎样的课堂文化，才使得从课堂走出的学生成为具有创新精神、实践能力，能适应当前全球化、信息化时代需求，能在未来社会中游刃有余甚至引领时代潮流的新人？

在学习、实践、思考之后，认为每一位教师需要通过实践，共同营造一种民主、尊重、平等的课堂文化，使每一个学生不断进步。

一、课堂现象之观察

当今的课堂，虽然从教学理念上有了明显于新课程改革前的进步，然而广大教师仍然更多地关注教育过程中的教学技巧、教学手段、教学方式等微观层面的问题，立足于有效、高效等结果性与显性的方面，这一现象从本质表明功利主义思想对教育的渗透。当然，这些过程虽不可偏废，但其未真正涉及或突破教育的实质，以致课堂研究得极为精致，教学手段使用得极其多元，教学技巧运用得极其娴熟，教学方式选择得极其丰富，然而对学生这个"课堂存在最核心的价值"（课堂、学校存在的主因是学生）却关注不够。笔者以为，这是新课程改革深入推进最大的障碍之一。

新课程改革方案设计者之一、华东师范大学（简称华东师大）终身教授钟启泉认为，新课程的课程发展观，可以用"儿童本位"来概括。他说，新课程改革的出发点和归宿点是：尊重儿童、理解儿童、关心儿童。尊重儿童意味着认同每一位独特的价值，认可儿童阶段特有的内在发展力量和发展可能性，认可儿童应享有的权利，特别是健康生活、愉快学习和探究世界的权利。理解、关心儿童意味着敏锐地意识到儿童的需要并提供最适切的帮助，倾听、关爱每一位儿童，让他们健康、快乐地学习和成长。儿童本位的课程发展观，归根结底就是要从"促进每一位学生的发展"的角度来规划基础教育课程。钟教授对新课程改革的认识一针见血，从教育万象直击教育本质，也启发每一个教育者尤其是与学生共同成长的一线教师，去重视且积极践行儿童本位观。

事实上，无论走进课堂的教师有着怎样的工作经历，其呈现的课堂文化与这位教师的教育经历并没有正相关的关系，更多与他们是否善于学习、是否具有较强的反思意识与反思能力有关。

最常见的课堂现象有以下几种。

一是教师主宰课堂，似无实有，欲盖弥彰。学生的主体地位只是口头说法，课堂民主（此"民"当理解为"学生"）观念远未形成。不少老师们生怕学生不懂，在课堂上始终牵着学生的"鼻子"不放手，教学设计得"严丝合缝"，教学过程执行得环环相扣，稳步推进。不管是提出问题，让学生思考，还是留下时间给学生读书、做题，这些老师都只是在按部就班地执行预设好的教案。学生在这样的课堂里，没有多少时间自主地吸取新知，掌握新的方法与能力。

二是教师缺乏对学生真正的尊重，试图用话语霸权和知识霸权维护课堂的大一统。有些教师在课堂中，师道尊严容不得半点侵犯，师之"权威"不容挑战。学生在课堂中被要求以统一的姿势就座，被引导着回答和老师预设的（其实是教参上专家们所给的）一模一样的答案。更有甚者，有的老师为了学生在测验、考试中的答案和所给的参考答案丝毫不差，要求每一个学生买那种所谓"标准答案"的《教材全解》。在这些老师的眼里，学生学习课本，为的就是背熟课本内容，背熟公式定律等，完全可以不用自己的思考、理解等个性化解读。

三是教师将平等的观念挂在嘴边，却缺乏对落后生的有效关注与指导。有些老师为了"顺利"完成教学，尤其是在有人听课、参加教学比赛时，马不停蹄地赶教学的进度。为了使上一个环节与下一个环节紧密勾连，习惯性地只关注那些喜好表现、乐于举手答问的学生，给他们数不清的"展示"才华的机会，而对那些反应相对不那么敏锐、或羞于当众表达、或不够自信的学生，注意得实在太少，甚至不给他们展示的时机。这些老师很清楚"教育要面向每一个学生"的素质教育理念，但为了教学任务，就习惯性地忽视了最需要关注、指导的弱势学生。

二、建立民主、尊重、平等的课堂文化

课改课堂文化变化缓慢，最关键的原因是不少教师的观念、意识根深蒂固。在全球化、信息化不断发展的世界大势面前，有时代感的教师只有自觉担当起教育的这份责任与使命，学生才可能成为"面向世界，面向未来，面向现代化"的一代代合格建设者与接班人，成长为真正意义上的现代公民。

（一）民主的课堂可以造就不奴性的未来公民

千万不要变相地将课堂的民主演绎成"学生为民（仆人），教师为主（主人）"。

如前所述，现今的课堂，仍然由教师高度主宰。对学习者的个性差异，学业基础差异，乃至学业成效差异，教师均少有关注。此种课堂凸显的是教师强大的主导性，缺乏的是教师对学生在课堂中主体性的忽视。

建设民主的课堂，需要每一位教师牢固树立课堂中学生为真正主体的意识。教学方案的预设需充分考虑学情（是结合普遍性与特殊性、个别性的学情），在课堂中充分"留白"。留白的课堂应让学生安静地读（默读）、思（默思）、写（书写表达），千万不要为完成教案，罔顾学生是否主体参与，是否整体突破，是否个体达成，就匆匆地推进到下一个预设的教学环节。

留下一些时间，给教师自己，也为学生提供吃透消化咀嚼新知的时间。留下一些时间，帮助教师了解多数学生掌握新知的情况。只有在这样敢于留白的课堂，学生在听、说、讲、议、读、思、写之下，才能变成课堂的主人、学习的主人。

（二）尊重的课堂可以激发学生创造的火焰

宝岛台湾"妈妈故事"工作坊大陆地区推广人黄欣雯老师的观点是"听故事的时候要安静；回答问题要举手；没有错的答案，对的答案不止一个"。简单的三条课前规则，彰显的是现代意识下的课堂文化观。"听故事的时候要安静"，传达的教育理念是学会倾听，懂得尊重他人。"回答问题要举手"，倡导的是在已经拥有了自我表达空间的环境下，一种对自身与他人权利的尊重，一种对共同秩序的尊重。"没有错的答案，对的答案不止一个"，这一点更是对每一个个体意见、个体思维的最大尊重，是点燃学生敢于思考、敢于表达、敢于诠释自己内心想法的最佳路径。当今教育最大的问题之一应是教育者总在有意无意地引导着本该有高度创造力的学子们去寻求并不应该成为"真理"的可悲、可恶的"标准"答案。

美国年度教师、撰写《第56号教室的奇迹》一书的洛杉矶伯恩特小学的雷夫·艾斯奎斯老师说："第56号教室之所以特别，不是因为它拥有什么，而是因为它缺乏了这样一种东西——害怕。"多数课堂喜欢把学生的思维往那个看似很难猜到的"标准答案"上去套，学生们在不断猜猜猜中变得胆怯，害怕自己的答案不是教师已经准备的答案。长期的猜猜猜，"培养"出的是一批批害怕出错的学生，也形成了年级越高学生举手发言越少的共同现状。在害怕出错的课堂文化氛围熏染下的学生，其创造性思维、创造力不断淡化，最终只能走向模式化、规矩化、奴性化。

教师只有自觉营造一种尊重学生思维的课堂文化生态，方可激发每一位学子敢于表达自我、表现自我的现代意识。他们的创造力、想象力才有萌芽、拔节、茁壮成长的土壤，民族的创造力才有无限生发的空间与可能。

（三）平等的课堂可以引领学生成为自己的命运主人

著名特级教师于永正对儿童真诚尊重，常把"要善良，要善待学生，把学生当成朋友"作为人生格言。曾读到一篇介绍于老师教学风格的文章，并为其中一个细节而感动："于老师执教《新型玻璃》时，请一女生读'一个划破玻璃企图盗窃展品的罪犯被抓住了'一句，女生一连读了七遍都没有读正确，连她自己也没了信心要坐下了，但于老师抚其肩，说：'你深深吸一口气，放松放松，然后一字一字地在心里把这句话默读一遍，第八次准能读正确了。'果然，成功了。如果当时于老师同意她坐下，也许这孩子永远再拾不起这个'自信'。正是关键时候，于老师如此简朴的耐心鼓励，给了她一次终生难忘的成功。"读完这个细节，于老师的耐心、淡定、从容背后蕴含的是对每一个学生的平等相待。不因暂时的落后与差异而排斥学困生，不时给予最温暖的关注、鼓励和指导，让这些常被忽视的学生找寻回自己的尊严，找寻回成长的动力。

很欣赏蔡林森校长创造的"洋思（原生地，在江苏泰兴市）经验"和"永威（移植成功地，在河南沁阳市）经验"。他的经验不仅是"先学后教"这种课堂教学模式的创新和有效落实，其中有一点容易被学步者忽视的课堂教学组织环节——"兵教兵"，前"兵"是基础较好的学生，后"兵"是需要帮助的学生。在蔡林森的经验里，每一个学生在其管理理念中都是绝对平等的，是需要关注的重要个体。"兵教兵"不只在学业上，还在行为习惯的帮扶上，这种全方位的"兵教兵"成为"洋思文化"和"永威文化"的重要核心因子之一。

基于平等的课堂文化观照下的每一位学生，都可能有尊严地走在有自己特性、符合自身实际的发展路上。这就是蔡林森的经验无论扎根于原生地，还是移植地，都获得成功的根本原因之一。

民主、尊重、平等，是当今课堂文化的基点。教师在自己的课堂中恪守这样的文化基点，教育实现现代化方有可能，培养具有强烈现代意识、民主意识、平等意识的后一代方有可能。而达成这一点，任重而道远，需要每一位教师长期坚持，长期锤炼，长期修身。

> **双赢课堂**
>
> 构建民主、尊重、平等的课堂文化，老师应放下自己高高在上的心态，努力同学生成为朋友，以平等的姿态进行对话。

谨守课堂时间边界

前两日在一所学校观比赛课,上课铃已响过10分钟了,另一个班的学生还在一路热热闹闹地奔向学科教室。一堂课,学生真正能上多少时间?

其实,上不足完整的一节课俨然成了校园中本不该有的常态。有些老师不到预备钟响不起身做准备,待匆匆赶到教室时,正式上课钟已响过。一些老师上一节课拖了堂,紧接着下一节又有课,待匆匆赶到下一个班级时,已经迟到。还有些老师利用课间教育学生,不觉间下一节课的铃声已经响起。有些要到室外或功能室上的课,学生从班级教室到上课地点需要花时间,一些小学为学生的安全考虑由任课教师把学生带往室外或功能室,可待老师将学生带到上课之处时,上课钟声已响过好几分钟了。其实,小学三年级以上的学生,可以让班干部早些把同学带往上课地点;一二年级的学生,可由老师带,但也一定要算好路上所需的时间。还有一些行政领导喜好占用上课时间播放通知，或正式上课钟已响，或临近下课前两三分钟。更有甚者，课程表中本已安排好的课，却被一些临时活动占用，一个班，甚至整个年级、整个学校都要参与。如此种种，不一而足。

实际上，几乎每个学校都设置了预备铃、正式上课铃两道铃声，为何还会出现这么多不能准时上课的现象呢？究其因，主要是课堂边界意识薄弱甚至缺乏所致，老师对课堂的边界认识不到位，没有从学生的角度思考课堂的神圣，以至于随意慢待课堂的现象层出不穷。

一、尊重每节课法定的时间

课堂是神圣的，是有法定边界的，老师要有守住神圣的领土、领海、领空的责任意识。不提前上课，让学生充分享受课间的调整与放松。不推迟上课时间，让每一位学生都全身心投入到知识探索中，挑战自我，实现生命价值。不拖堂，下课钟敲响应准时下课。不延时，没有学完的留待学生课后思考解决，或待下一次课再一同探讨。不占用，只要是课程表上规定的课程，就应严肃认真地上好。若有需要向全体学生宣布的消息，可待课间操等学生集中的时间说。特别紧急的，也只可在下课铃响后，利用课间时间言简意赅快速传达。其实，一所管理水平高的学校，一定是每位教师严守课堂边界的学校。

二、每一个课堂都是学生生命历程的重要组成，我们无权随意浪费

老师们没有建立起课堂边界意识，往深处究，是未树立起课堂是

学生生命重要组成的神圣意识。学生在校园里所接受的每一次课、每一个活动乃至历经的每分每秒，都是其人生中最美好年华的生命历程。老师应守土有责，引领学生珍惜课堂里的分分秒秒，帮助他们不断激荡起智慧的光芒，闪现生命的光彩，在不断挑战自我中实现生命的价值。这种尊重学生生命的课堂，无形中教会了学生懂得珍惜光阴，让生命绽放光彩。为人师者，生命的价值不也在这一节节课堂里吗？既然选择了这个职业，课堂就是教师职业发展的最重要舞台，应该让每一个课堂都焕发出我们生命的光辉。唯有如此，才可能在生命课堂中逐步实现人生的价值。

> **双赢课堂**
>
> 培养学生的时间观，要从自身做起。不延时、不占课，建立课堂边界意识。只有尊重学生每分每秒时间的老师，才能在课堂上赢得学生的尊重。

课堂错误，宝贵资源

课堂是学生健康成长、全面发展的主渠道，也是教师展示职业素养的主阵地，更是教育管理者与研究者潜心耕耘的大舞台。在新课改实施十多年后的今天，正确的课堂教学观仍需广大教育工作者秉持和坚守。

一、弱化教学进度为先意识

走进教师的课堂，很容易发现不少教师奉课前准备好的教学设计（教案或课件）如神明，为了完成预设的教学任务，教学过程中总在赶进度。一般表现为刚组织完一个教学环节，老师们就马不停蹄进入下一环节，生怕完不成既定的教学任务。而教学进度第一的意识，必然影响教学效果的落实。为完成教学进度，本该留给学生的时间，被不断挤压。往往刚刚提出问题，学生尚来不及深入思考，老师就开始提问,并且提问的对象往往只是思维相对敏捷、反应较快的学生,更多的则变成了教学进度的陪坐客。小组合作学习同样如此,一个需要深入讨论的问题,不到半分钟的思考时间一过,老师就立即让小组代表展示讨论的成果。由于未曾深入讨论,被点名的小组代表只能随便说自己的认识。

在这样的课堂里,老师被预设的教学进度或课堂教学任务"绑架"了,进度完成与否成了老师们第一考虑的事情,而学生在课堂中是否有充分的自我学习时间,学习新知的效果到底如何,则几乎被进度优先所忽略了。这样的课堂,只是学生陪着老师走一遍本该他们自主体验学习的内容,而没有进入真正意义上的学习状态。这是旧的教师中心课堂观的重演,与当前推进的新课改教育理念背道而驰。旧的课堂,学生新知掌握成了问题,老师希望通过加大作业量,帮助学生掌握新知新能力。但是学习新知、掌握新能力的主体一定是学生自己,老师应在教学设计的时候,把学生的主体学习活动放在备课设计的首要位置考虑,多思考对于这个新知和新能力的掌握,需要安排给学生怎样的学习自主体验活动,老师此时要做的更多是提示、启发、点拨等,而不是在教学进度的裹挟下拉着学生往前跑。

二、学会整合课堂教学环节

既然不能把赶进度放在优先位置,那该怎么办呢?一节课应该少一点教学环节。因为所设计的教学环节一多,老师必然会为完成这些环节而忽略学生学习效果。一堂课的教学主环节不宜超过 3 个,最好是 2 个。这就需要老师学会根据学生认知规律和教材内容特点提炼出具有概括性的主问题，同时转变课堂教学观，把课堂的主角让位于学生。学生有了充分的自主探究学习、合作学习的空间，真正的学习才会产生。老师在这个过程中，也才有较充分的时间去关注学生的学习情况，发现学生在学习新知和形成新能力过程中容易出现的问题，而课堂里学生呈现的错误，给了老师即时帮助其解决和纠正的时机。

三、学生错误是课堂宝贵的教学资源

学生除了需要在课堂上有相对充分的学习体验外，还需要关注学习情况以便得到及时指导和有效反馈。有些老师喜欢问"都做完了没有"或"做完的举手""做对的举手"。其实，这种课堂口头调查几乎没有意义，因为没几个学生有勇气或乐于暴露自己做题速度慢或做题正确率低的问题。

学习新知时，学生会普遍出现错误，这是正常的。况且出现的错误，恰是教师价值体现的最佳时机。"师者，传道授业解惑也"。学生如果学而无惑，还需要来学校干什么呢？学生在课堂中出现错误，就说明学生在新知学习中有困难，需要老师在身边指导。学生们相对集中的困惑，需要老师集中讲授，以释其难。如果是个别学生出现的困难，老师可进行个别指导与点拨，还可借助学习互助合作小组以"兵教兵"的形式解决，以减轻老师课堂辅导的压力。

所以说，如果因为设计的环节过于繁复而要拼命赶教学进度，学生出现的课堂错误，老师就无法给予关注和及时解决。这样的问题日积月累，学生就容易失去学习的兴趣、信心和动力，那学习就变成了痛苦之事，这样的教育结果可想而知。

> **双赢课堂**
>
> 一味注重教学进度的结果就是学生被老师拖着走,长此以往,失去自主求知意识的学生逐渐丧失自信。

课堂调控，有法可循

一堂课的教学效率，取决于教师的学术素养高低、精心备课与否、课堂是否落实学生学习为中心等多种因素。然而有些年轻教师只管完成教学任务，不太重视课堂组织管理，这样的课堂往往是低效的。事实上，有序的课堂管理是高效课的重要基础，特别对于年轻教师，学会课堂调控是专业发展的基本功，也是不断增长实践性知识的必备课。

一、语言调控法

教师本就是吃"开口饭"的，锤炼好语言能力是年轻教师站稳讲台的首要之功。要成为合格乃至优秀的教师，课堂语言要朝着响亮、清晰、干脆等基本要求去锤炼。因为课堂学生数多在40人以上，说话软绵绵、柔声细语并不太适合于课堂教学，是难以"镇住"一班学生的。一节课里，老师的课堂语言应该有抑扬顿挫的变化，不宜只在一个"频道"，尤其当学生精力开始分散时，教师的音量就该有一个突兀式的拔高或停下，用高声或无声引起学生的注意，从而帮助他们迅速将精力回转到学习轨道。除了注意语音方面，课堂的语言能力还可以通过语言调控的学科特色来体现。比如，有的语文老师采取的是师生对古诗词上下句的形式，学生精力有所分散时，老师就用之前和学生约好的老师说上句如"白日依山尽"，学生一听马上条件反射一般随口应答"黄河入海流"的形式。数学老师则可以采用师生对乘法口诀等方式，如老师说"三五十五"，学生则对"四五二十"。当然，这些课堂调节应结合学生知识水平的实际作出调整。

二、分组评价法

人天生都有荣誉感和归属感，老师要善于运用人的这些天性。分组评价是课堂有效调控的一种方法。班级一般分成三到六个大组，或五到八个小组，老师可以结合任教班级的实际，将全班学生分成几个大的学习小组。还可以结合学科特点，让学生以组为单位自命组名，如语文课分成孔子组、鲁迅组、老舍组、雨果组等，数学课分成祖冲之组、华罗庚组、陈景润组、高斯组等，书法课分成王羲之组、颜真卿组、柳公权组、苏轼组等。这些组名，不仅学科味鲜明，而且让学生无形中产生较强烈的学习榜样、维护榜样形象等心理，荣誉感油然而生。课堂分组评价，可以将学习效果和学习纪律一同纳入评价。还需要注意，不要有始无终，应贯穿整节课，并且在课堂结束前用一点点时间做小结，或鼓励或让得分靠后的组一齐唱首歌、背首诗等，活跃一下课堂气氛，使得课堂张弛有度。课堂分组评价也要把握好频率，不可次数过多，否则容易把一节课拆分得七零八落而缺乏完整性，而且这种课堂组织方法只为教学服务,如果频次过密,必然"喧宾夺主"。但次数也不可过少,否则起不到应有的作用。分组评价法只是一种外部激励,适合于小学、初中的低年段和老师与学生接触之初的前几个学月,如果学生在课堂上都已经养成了自觉自律的学习习惯,课堂学习氛围较浓厚,就可淡化或取消这种外部评价激励法。

> **双赢课堂**
>
> 所谓事半功倍,即是将课上得生动有趣,让学生学得开心认真,从学习中找到荣誉感和归属感。

课堂专注，有法可据

课堂教学都在努力追求高效，老师们却常常因学生专注度有限而产生烦恼。那如何才能让学生更专注地学习呢？

一、课堂设计宜紧疏有致

心理学常识表明，处于成长期的青少年，其连续集中精力的时间一般不会超过 20 分钟，年龄越小的学生精力集中的时间越短。为此，老师们在设计每一堂课时，不能用同一个节奏、频率和教法，宜采用紧疏有致、多种教学方法相融的节奏组织课堂教学。比如，上课之初讲个小故事，或结合新课内容以一种有趣的方式导入。课进行到近一半，可设计一些融合知识巩固的小游戏、小活动让每个学生稍作放松。也可以采取"讲、议、练"交替进行的方式组织教学。这样，学生在适度变化的节奏中，容易集中注意力，并跟随教师的引领去探求新知识、掌握新能力、丰富新体验。

二、声音发出的地方，就是目光聚焦的地方

现在人表达的欲望特别强，听到说话，总想插话，由此很难听全别人说的内容和表达的主题。而课堂中，做一个倾听者（听老师讲课，听同学发言）又是必需的。学会倾听、善于倾听，这是一种修养，也是一种终身受用的能力。课堂里，老师们需要有意识培养学生倾听的能力，要帮助学生认识到倾听他人就是尊重他人，也是尊重自己（因为自己也有发言时，也不希望自己发言时别人不听或打断）。别人在发言时，不要急于说出自己的看法，而应该静下心来听听他们具体表达了什么，学会一分为二地去分析。应鼓励学生去发现同学发言中的佳处、妙处，从而营造一种同学间表达心中所想，又互相肯定、欣赏的良好氛围。有些学生在老师讲课、同学发言时，便开始走神不专注，该问题解决的妙招便是告诉学生"课堂声音发出的地方，就是我们目光聚焦的地方"，朝着声音发出处用心倾听。

三、组织好人人参与的深度的小组合作学习

当前大力倡导的教育公平，其中一点便是过程公平，体现在课堂上就是让每个学生都有被关注的机会，在课堂中除了当听众，还有当"演员"发出自己声音表达自己观点的权利。而一个三四十人乃至更多学生的班级，几乎不可能人人被老师提问发言，老师们要善于创设让学生自己探究新知的环节。正如孔子所言，"不观于高崖，何以知颠坠之患；不临于深渊，何以知没溺之患"。此时需要引入真正意义上的小组合作学习方式。小组学习首先要重视小组的组建，提倡异质组合成员的方式（即每个小组的3—6名成员学习能力需各个层次都有）。

其次，老师在研究学科课标、教材的基础上，要提出有探究、思考、讨论价值的问题。再者，需要给小组合作学习留出充分的时间，让每个组员都有表达自己的机会。学生有了较充分的探求新知的自我实践过程，他的专注力才会更加集中，学习的效果才能得到保证。

> **双赢课堂**
>
> 提升学生课堂注意力的法则有三：课程紧疏有致；教师学会倾听；课堂人人参与。

少点"告诉",多点探究

2009年11月26日,中山市初中物理教师教学竞赛决赛第三片区比赛在南朗镇的初中举行。这一天,笔者听完了整整六节课。即便六节课中除去第一节是初三的"浮力的应用",其他五节都是完全相同的教学内容——"温度计",我亦得到很多收获和启发。

这六节课都是知识原理课,就知识本身而言不难懂。可是学生对这些存在于生活中的物理现象虽已有所知晓,只是知其然而不甚知其所以然。教师的主要任务就是引导学生弄明白"所以然"。

几位从各个镇区和直属学校选拔出来的可以说是最优秀的物理教师,风采各异,综合素质也很不错,然而他们身上还保留着太多的"旧东西",即知识中心、教材中心、教师中心。简言之就是他们热衷于"告诉",却少了给学生自己探究的机会,热衷于快速完成教学任务,而不是引导学生学会学习,学会探究,学会创造。

一、为何中意"告诉"式教学

通俗而言,"告诉"式教学就是接受式、师说生听式、师讲生练式,是老师将知识告诉学生,学生记住并用于做题的形式。

"告诉"式教学充斥课堂,原因之一恐怕是为师者的懒惰。任何知识于我们教师不过是小儿科,可于学生而言就是新知识,是他们那个年龄段并不能轻易理解的知识,需要多给一点时间和机会让学生自己去探究,而不是将老师所提供的理解记住就完事了。

我们的课堂"中意"告诉学生这知识怎么怎么样,说到底是惰性在作怪。仔细想一想,"告诉"是不是很快就完成备课任务、教学任务,"告诉"是不是无需预设太多的课堂能动性,"告诉"是不是不需面对学生千奇百怪的问题,"告诉"是不是直接、省时且多了反复训练后多拿高分的时间?

"告诉"的确省了老师不少的时间,学生却因此丢失了太多。他们丢失了自己发现新知识的机会,以及机会后面因探索新知所得到的学习乐趣。因为老师的"中意"告诉,学生就在一次次的学习中不断加固着这样的印象:任何新知识的学习,都会有别人帮自己想好,我们只要听好记好就可以了。久而久之,学生就成了真正的"容器",依赖思维也自然而然地产生,一群知识的"奴隶"队伍也壮大了。

二、要多想走得远,不要只想走得快

华东师大课程与教学研究所张华教授在分析中国和美国科学技术和创造力的差异之因后,曾告诫我们:要多想走得远,不要只想走得快。中国人经历了150多年的民族耻辱,集体意识中有一种时不我待、只争朝夕的赶超世界强国的心理。然而欲速则不达,赶的同时要注意速度,我们可以掌控的速度、科学合理的速度。

教育本来就不是立竿见影的美差,需要沉下心来,找准它本身的规律,步步向前。老师应放手让学生去学、去发现、去探究、去犯错、去纠正,慢就慢一点。如果每一个新知识都由学生自己去探究,他们会逐渐产生兴趣,科学有效的学习品质也会逐渐形成,成绩也就不愁了。如此一来,学生学得轻松,教者也不再那么辛苦无效了。

> **双赢课堂**
>
> 走得快不代表能够走得好,走得稳固。真正的教育培养的是学生动脑思考的能力,只有将课堂的主导权还给学生,才能培养出国家真正的未来。

请记住学生的名字

近一个月，我在中小学课堂听了六十多节随堂课，其中不乏体育、音乐、美术、信息技术课。这些学科都是老师们私下所称的小学科，一般很少进行笔墨考试，然而这些学科对每个学生的终身发展同样重要，也是课程计划必不可少的部分。

观摩这些学科课堂时我发现一个通病，即老师们总空着手走进课堂，没有学生名册和课堂成绩记录册，尤其在年轻教师的课堂中相对普遍。观课之后，与上课的老师交流这个问题，有老师以点名很浪费时间作为辩解的理由。当然，多数老师还是能够认识到自己的不足。

新课改倡导的教学理念是教师为课堂学习的主导者，学生是课堂学习的主体。体育、音乐、美术、信息技术等学科的老师，每人都要上多个班级，比如初中的音乐、美术和初中小学的信息技术，每周每个班级虽只有一节课，但他们往往要上 12—16 个班的课。而小学的音乐、美术和初中小学的体育，每周 2—3 节课，每人要上 7—9 个班级。教这么多班级，学生有几百个之多，怎么才能真正落实学生的课堂主体地位呢？这就显示出学生名册表和课堂成绩记录表的必要性。

一、课堂安全需关注

没有安全，就谈不上教育。很少看到老师会在上课之初确认学生是否全部到齐，并追问未到学生的情况，这并不符合课堂教学要求。体育老师在上课时，会让学生报数，这种很传统很常规的做法其实是必需的。在室内上课的音乐、美术、信息技术等学科，老师只需要点点学生数就可。可是，如果老师手中连上课班级学生的名册都没有，即便通过报数和点数，又怎么知道这个班级学生是否都到齐了呢？如果班上少了一两个学生，若他们在校园里或溜出校外出了安全事故，这个责任该由谁承担？有一份学生名册，课堂之始清点一下学生数，齐了开始上课，不齐问问学生，是哪些没有到，什么原因没有到，随手记录下来。如果上节课学生还在，这节课却没到，就要请班主任或学校及时协助了解与处理。

二、便于实施学科的过程性评价

新课改明确要求，对学生学业成绩的评价，要实行过程性评价和终结性评价结合的原则。体育、音乐、美术、信息技术等学科，显然不能只凭期末测试就确定学生的学期学业成绩，需要将平时的表现和成绩作为评价的重要组成部分。而上课时连一份学生名册表和成绩表都没有，老师面对那么多的学生，怎么进行过程性评价呢？如果每节课老师都带上班级的名册和成绩表，便可在学生练习时，随时记录每一个学生的表现和课堂学习效果。有老师会说，这么多学生我都认不全，怎么记？其实室外的体育课，学生的站队是相对固定的。室内的音乐、美术、信息技术课，学生的座位一般也是固定的。如果学生不按规定，老师可以及时发现和调整，这种便于管理的行为不是对学生的约束，而是对学生的负责。所以，学科老师手上最好有两份表，一份是学生名册表（体育老师的名册表最好是学生的队列直观表，一看便知。音乐、美术、信息技术课的名册表宜用座位表，同样可清晰知道每位学生的位置），另一份则是课堂评价表，固定的队列或座位，学生名册和成绩记录册在手，就比较方便实施课堂的学情了解和辅导。这样的课堂，就不会过于随意了。

三、记住学生的名字也是教育

　　课间和这些学科的老师交流，问他们能叫出班级多少个学生的名字，大多都没有确数。其实，记住所教学生的名字，也是教师的职责之一。有老师会说，每年教这么多学生，不可能都叫出名字。如果上课连一份学生名册也不带，当然不可能。有名册在手，学生的队列和座位相对固定，一个学期下来，用心去记也是基本可能的。能够在课堂上或课外叫出学生的姓名，学生一定会很佩服你这个老师，配合你上好课。因为学生们会认为，能够记得住我名字的老师一定很看得起我、尊重我，这个老师心目中有我的地位。记住学生名字，用心即可。

　　教育形势一日千里，然而新课改倡导的学生为学习主体的教育教学理念，不会轻易过时。而理念要真正落地，需要以实实在在的方式落实到每一位教师的每一个课堂中。一份小小的名册表和课堂成绩记录表，折射出的是育人为本的理念。

> **双赢课堂**
>
> 一份小小的花名册，承载的不仅是学生的信任，更展现了老师对学生的爱与尊重。

以学生为学习主体

深化教育领域综合改革是一个庞大的系统工程，至少可分为三个层次：一是宏观层次的，即教育需要与社会、社区、家庭协同，整合这些力量为学校教育所用；二是中观层次的，即教育各个环节、各个阶段改革协同推进，如管、办、评分离，让校长和教师积极主动参与教育改革；三是微观层次的，即学校和教师层面的综合改革，每一个教师都是综合性的人才，他们具有符合时代发展要求的教育思想，更是一个个极具魅力的教育资源。

综观以上三个层次，无论是学校还是教师，自主权最大、可以有所作为的是微观层次上的自我"革命"。对教师而言即不断反思并纠正自己在教育教学实践中不符合教育规律、非理性化的思想和行为。对学校管理而言，则是必须加强学校课程的领导力，切实引导每一位教师自觉将"以学生为学习主体"的教学观真正落实到每一个课堂。

一、课堂现实：观念依然陈旧、学生被动学习

基层教育主管部门管理教科研工作，应当把提高辖区内中小学教师的专业发展能力作为推动区域教育质量提升的主要抓手。为此，每一个学期都有类型各异的教学综合技能竞赛，其中一项必是随堂课教学评价。在中小学观课，给人最深的感受是课程改革虽已推行十余年，然而超过50%的教师（中学因中考、高考的压力则比例更高）常态课堂观念相对陈旧，老师过于主导课堂，学生在课堂中被动学习。具体有如下表现。

（一）教师讲得太多，学生自主、合作学习时空不足

这几年所组织的教学综合技能竞赛中占40%比重的评价项目，便是随堂课评价。因为伴随学生生命成长的，能给学生不断丰厚其各学科素养的恰恰是这一节节常态课，所以把每一节课都上成"公开课""比赛课""课改课"，是我们一贯强调的课程管理观。基于此，基本上每一个学期，南朗镇都会组织全员性参加的教学综合技能比赛，其中占比例最高的是随堂课评价——评委老师（因参赛教师多，所涉学科众，比赛时间跨度长，所以要组织一个队伍分学科去评课不现实，最终为着相对公平考虑，往往是负责本镇区教研工作的同志去听每一位参赛教师的课）手拿一张该校的课程表，随机进入某个课堂听课，并且利用课间10分钟与执教老师进行短暂交流，点评值得发扬或需完善改变之处。

观课中相对普遍的现象是老师主宰课堂。一节课中老师常常口干舌燥地讲35—38分钟，甚至更多。造成这一现象的主要原因是，不论是独立备课还是集体备课，课前备课或教学设计都大多将关注点放

在如何教完这一点上，很少有人去思考或做有关的学情调查，对学生已有的知识基础、个性化的学习差异以及学习潜能基本上没有做过了解，认为学生对于新知学习是什么也不知道。因老师讲得太多，学生在课堂上本该有的自主阅读与理解课本知识、思考新知产生逻辑联系以及学习新知后自我巩固咀嚼消化的时间基本都被老师占用，导致了课堂低效化。

（二）教师欠缺非智力因素影响，学生被激励太少

老师独占课堂时间，对学生个体的关注较少，并且课堂中的提问也仅仅为了推进教学进度，只有少数反应敏捷的学生才有机会表现。久而久之，多数学生不再思考，等着老师或优秀的同学把答案告诉自己。长此以往，学生用的只能是死功夫，也就造成了事倍功半的效果，学习也就成了一件无比痛苦的事情。因为执着于教学进度，老师也无暇对学生进行非智力因素的关注和引导。教师忘了在课堂中营造一种自由、可以挑战权威、宽松、宽容的学习氛围。在这样的课堂上，学生没有机会展示自己的才情，没有时间挖掘自己的潜能，他们不能自由地表达所思所想，回答问题时必须揣摩是否和老师所预设的答案一致，于是战战兢兢，如履薄冰，生怕答错了被老师同学耻笑，便干脆只做个"沉默的君子"，等待老师的"标准答案"。

这样的课堂更缺乏了对权威的挑战，在为了分数的总目标下，课本是权威，老师是权威。在这样的课堂中成长的学生无法培养创新的精神，他们只能做个"唯唯诺诺的奴才"和"精神的矮子"。这样的课堂无法为学生提供自主学习的空间，同学之间缺乏必要的合作学习，缺少同伴互助式的探究和智慧碰撞。而且教师不关注最新的脑科学研究成果，只用自己头脑中固化式的习惯在教学，几十年一成不变。美

国学者埃德加·戴尔以语言学习为例，通过实验比较分析了"采用不同的学习方式，学习者在两周后还能记住内容（平均学习保持率）的多少"后发现：学习两周后，聆听、阅读、观看多媒体、观看现场演示、参与讨论、亲身体验做中学、学会后讲给别人听或进行应用能够记住的比例各占5%、10%、20%、30%、50%、70%和90%。可见，真正有效的学习应该是基于理解并且能够保持的学习，所以学习方式的多样化是促进有效学习的法宝。

此外，老师们更关注预设好的课件演示是否顺畅以及知识讲授任务是否完成，忽视了激发学生学科学习的兴趣。因为讲得多，老师占用课堂时间多，而留给老师对学生个体的关注相对少了，留给学生进行自主学习、合作探究学习的时间也少了。长此以往，不少需要在课堂中得到关注和指导的学困生被老师忽视，所谓差生队伍也随着年级的升高而越聚越多，到了高年级尤其是毕业年级，陪坐的学生队伍越加庞大，老师此时便无计可施。究其原因是老师在学生本该被普遍关注的中低年级时没有给予必要而充分的关注与指导所致。

二、变革课堂管理：让"学生为课堂学习主体"的教学观落到每个课堂

课堂教学观念的陈旧、落后，已成为当今多数一线教师课堂的常态。老师们却往往以升学压力为借口，不思变革，执着于用压、挤、吓等手段逼迫学生学习。面对现状，学校管理者必须有"壮士断腕"的勇气，引领全体教师变革，还给每一个学生课堂学习主人的地位。

（一）管理前移，引导教师做好学情诊断，让课堂教学有的放矢

学校教研组组织的教研活动，更多考虑的是怎么教，对学生怎么

学关注较少,基本忽视对学生学习新知前的学情诊断和必要了解。然而,真正有效的教学必须做好充分的学情了解,课堂教学才能做到有的放矢:一方面了解学生已有的知识水平同新知学习的相关度,即学生是否能够顺利通过本节的课堂教学达到目标。教师可通过课前的抽样访谈、必要检测、作业分析、做复习题等方式进行量化了解。另一方面,对不同层次的学生,老师应预设不同的学习目标,课堂上给予不同的指导。

而受教学习惯影响,老师们在课堂教学中总是不自觉地沿用旧有模式。基于此,学校管理者需将教学管理前移,每学期都集中老师进行两到三次的教学观再培训,以发生在教师自身或同事的课堂案例(可通过常态课堂录像)作为培训的素材,启发老师思考罔顾学生基本学情的教学带来的结果:辛苦的教学却不能给学生必要的学习方法指导、学习能力培养、学科素养的提高。这样的培训,旨在触动老师们思考课堂教学低效的原因,学会智慧地教学,把课堂的主体地位还给学生,把每一个课堂都作为帮助学生提升生命质量的真正舞台。这样的课堂,才是真正的课堂,是师生共同期待、渴望碰撞交流、共同成长的智慧课堂和生命课堂。

教学管理的前移,还需要引导老师真正走近每一个学生。教师在设计教学时,不要让知识教学绊住了双脚,不要只想为了完成教学任务急着往下一个知识点赶路,而应将课堂分解为一个个让每一个学生都沉浸其中的环节。让每一个学生在每一个环节都有较为充分的时间去品读课本,思考学习内容,进行自我训练和检测,实施小组合作与探究,从而将新知的学习主动权把握在自己手中。课堂学习中,教师还应该把小组合作学习落到实处,不要使之只成为热闹的外在形式,而应真正成为学生之间互相支援、取长补短的契机,也应教育优秀生帮助学习有困难的同学,双方共同成长。

(二)挖掘典型,让观念落后教师自我提高

每一所学校,总有对新观念比较敏感的老师,他们有教育理想,对教育有不懈的执着追求。作为学校管理者要善于发现,通过课堂调研和交流了解这类教师的教学创新举动,启发他们及时将自己的实践借助于理论的学习与思考进行提炼,从而形成自身的教学风格。

另外,还要给这些老师创设展示的平台,让他们在学科组内甚至在全校汇报实践心得,从而引发其余老师的反思。比如,让这些老师上展示交流课,以课为例,现身说法,给教学思想相对保守的教师以切身的冲击。让这些典型榜样在全校教师每周例行大会上,分享他们的课改心得,展示他们的课改研究成果(课题研究、教研文章发表与获奖、优质课获奖、指导学生参加竞赛成绩等),分享他们有机地将教学实践与教育科研有效融合在一起的经验。这些做法,不仅可以逐步浓厚学校的教育教研氛围,还可以对新课程改革持顽固心理的老师产生持续的思维冲击。

(三)创设平台,引导每个教师将反思课堂作为常态

除在学校层面上组织相关教研活动外,基层教育主管部门也可以有所作为。多年来每个学期举行的教师教学综合技能比武或骨干教师课堂教学大赛,每学年进行的优秀教师评选,每三年举行的名教师、名校长、骨干教师评选,以及区域教育期刊《南朗教育》的发行,均是让老师们得以充分展示专业能力和研究水平的广阔平台。以荣誉评选为例,比重最大的是衡量专业发展水平,而非分配名额,不搞校际名额平衡,而且条件先行,宁缺毋滥,从而有效地促进了老师们扎扎

实实追求专业成长，自觉更新教育思想，修正教学方式方法。区域教育期刊《南朗教育》，由政府出资，免费刊印发给每一位教师，每个学期末还汇总刊发全镇教师的教育教学研究成果。

学校层面，也应该创设各类平台，让广大教师自觉提高课堂教学能力，提升专业发展水平，从而享受幸福的职业人生。在制度上，明确要求老师们坚持做好教学后记，及时记录下每天教育生活的点滴得失，这些教育教学素材，正是教育研究的最鲜活、最生动的例子。学校要对教师的教育教学反思（南朗镇拟就了相对统一但又可具有自身学校特色的《教师专业发展行动记录本》）定期检查，并做好及时的反馈。只有管理上细化了要求，坚持检查督促，教师才会逐渐由被动转为主动，从而养成专业发展的习惯。而区域各项评优推先要求老师需提交这本记载其专业成长发展的记录本备查。

当然，除制度的约束外，学校管理者也应在专业发展指导上做好引领作用。比如不定期地组织专业发展能力校本培训，可以是如何做好教育教学反思的方法培训，如何撰写高质量的教育教学研究论文的培训，如何做紧密结合教育教学实践进行案例研究、叙事研究、行动研究的教科研方法培训，如何从教育教学反思素材中提炼出课题研究的培训，如何开展教育科研课题研究的方法培训，如何提炼科研课题研究成果撰写研究报告的培训。还可以是如何在繁杂的教育教学事务中坚持学习提高的经验分享，如何从看似平常的教学中提炼出自身教学风格的成果共享。丰富多彩的平台，必然推动教师课堂教学反思的自觉化，由此必然有利于营造学校浓郁而充满活力的专业发展氛围。

广大教师在这样充满专业发展氛围里成长，教育观念也将不断受到冲击与洗礼，课堂教学行为也必将得到改善，"学生为学习主体"

的课堂教学观等符合课改精神的教育教学思想必然能润物无声地融进每一个课堂。

> **双赢课堂**
>
> 老师应将学生作为课堂的主体，尊重他们的主观能动性，努力修炼自身的课堂素养。从学校层面、老师层面及学生层面将新课改进行到底。

笑着走出课堂

老师，你是否也常常微笑着走出课堂？

看到学生在课堂上开心快乐的样子，尤其是那些所谓的"差生"也在争取进步，作为老师的自己感到很欣慰，也带着满足的微笑离开课堂。

作为老师，能笑着离开课堂，这是一种境界。缘由有二。

一是热爱。如果把课堂看作生命体验的场所，把教书育人当成事业，当成体现人生价值的工作，而不仅仅将其视作谋生的手段，看作只是消磨时光的职业，你就会全身心投入到教育教学中，全情投入到充满师生生命活力的课堂，把学生的健康成长当成自己生命中难以割舍的一部分。如此，你才会满怀激情，不至于总板着脸，怒目于孩子们的一举一动、一言一行中的缺失，笑容自然就会常常挂在脸上。

二是艺术。笑着走出课堂，表明你拥有一个健康的身心，热爱生活，热爱充满活力的生命，也显示出你具有娴熟驾驭课堂的能力和精彩的课堂教学艺术。可以想见，这样的课堂是充满生命活力的课堂，是妙趣横生的课堂。你用自己驾轻就熟的调控才能和渊博的学识、进取向上的人格魅力感染着那些期待甘霖的勃勃生命。反过来，这些充满希望和活力的年轻生命又促使你不断丰富自己的人格修养和学识，并努力掌握更加高超的教育教学艺术。这样的课堂自然笑声不断。

> **双赢课堂**
>
> 　　身为老师，应该爱护自己的学生，应该提高自身的教学素养，应该从内心深处真正热爱自己的职业，此谓之圆满。

第二章

静悄悄的革命：
语文教改

从教语文十余年，
体会很深的一点是语文课好教，但教好较难

饮水开源话语文

一、"开源"——多渠道开掘鲜活生活

把时代活水引进语文课堂,前提是开好"水源",使之源远流长。

(一)语文教师应成为热爱生活、关注时代的有心人

新的时代及教育的新形势对语文教师提出了更高要求。教师应热爱生活,关注变幻多姿的时代,善于摄取各种信息,积累丰富多彩的语文养料,使自己成为既具有语文教学的扎实根基,又富有敏锐时代触角的新型教师。因此我们既要天天坚持读书看报,了解瞬息万变的国际国内风云,又要坚持自觉钻研现代教育教学理论。唯此才能紧紧把握住时代的脉搏,使把时代活水引入语文课堂有了鲜活的前提。

(二)语文教师应善于引导学生开拓知识视野

教师应引导学生热爱生活,在关注时代发展、关心国家大事、留心多彩生活的过程中广泛汲取语文养料,在社会实践中将语文基础知

识转化为语文能力和素养。

教师宜鼓励学生订阅书报刊，收看有益的电视节目，收听广播等。尤其宜多指导学生在课外多读优秀经典的文学著作，而非把注意力只集中于课本和各种繁杂的练习册、复习资料中。要帮助他们放开视野，引导学生真正明白"生活无处不语文"的道理。这样，他们也就会更自觉地阅读书报、关心身边生活中的一切，成为生活的有心人。

二、"引水"——激活语文课堂

（一）引时代活水，营造课堂氛围，加强学生听说训练

一个不善于听说的人，思维中语言信息比别人少，要做到善读善写不易。若课堂教学不能使学生经常开口交流、不能激发学生思维，就谈不上创新思维、大胆主动精神的素质培养。

有计划地让学生在课堂轮流进行三分钟演讲、读书报感想交流、口头小议论等活动，无疑是提高学生听说能力的有力措施。这些训练要达到预期目的，要求我们善于创造情境，营造氛围，以便学生能有所提高。

（二）引进佳作时文，激活课堂，提高学生读写的兴趣

在广泛涉猎、增长见闻的同时，教师宜选出对学生学习、生活和成长有启迪的佳作时文，并利用课前三分钟或在相关内容的讲授中穿插讲评。此方式一方面有利于学生世界观、人生观的形成，另一方面为学生课堂讨论提供了素材，给照本宣科、呆板的课堂注入了鲜活之水。

你的心态就是你真正的主人。

……

我们的境况不是周围环境造成的。说到底，如何看待人生把握人生由我们自己决定。

……

成功是由那些以积极的心态努力不懈的人所得到的。

……

心态的改变就是命运的改变。

……

失败是暂时走了弯路，而非走进了死胡同。

——《心态决定命运》

选自《青年文摘》1999年7期

该文对那些学习困难又自甘落后、消沉而不思上进的学生应是一支强心剂。只要引导得法，语文学习最头痛的读写也同样可让学生兴味盎然。

班上一位学生在题为《打架》的作文中，以翔实的笔触再现了他亲历的一件扶正祛邪的事。该文说的是在公共汽车上主人公面对一"白粉仔"（吸毒者）欲扒窃一中年妇女钱包，勇于制止使坏人未得逞，下车后被坏人尾随（欲报复），便将计就计引其入一小胡同，凭借聪明的头脑和强壮的身躯巧妙制服了恶人并交给派出所的故事。老师在课堂中声情并茂地读给了全体同学，大家无不为此同学见义勇为、扶善惩恶的勇气所折服，随后畅所欲言，大抒感慨。因该文真实（私下已询问过该生），表现了强烈的正义感，老师给该作文满分，同学们掌声雷动，课堂中充满了朝气和青春活力。

> **双赢课堂**
>
> 身为语文教师,不仅要帮助学生提高自己的语文素养,还应引导学生正确地看待每个问题。只有努力提高自身的人文素养,拓宽自己的视野,才能更好地做一个引路者。

语文教育的目标定位

课程改革实施至今，本该教育目标明确，教育方法得当，教学效果喜人。可只要深入语文教学的课堂，就会有很多的困惑和忧虑——语文学科教育到底该怎样进行？语文课改将走向何方？本文将围绕语文教育的目标定位进行反思和审视，并提出自己的一管之见。

语文课改已悄然分化出两大阵营。一个是过于"回归"传统，走不出传统教法的教师阵营。他们仍然特别重视知识的传授，尤其偏爱口耳相传，以及灌输式教育。拿到文章，按部就班地进行字词掌握、作者简介、时代背景介绍、条分缕析课文、中心主旨归纳、写作特色小结，最后教学生说些耳熟能详的废话。更有甚者，有些老师还标榜"为学生着想"的口号，唯教参之"马首"是瞻，将教参上的东西全盘搬进课堂，搬上黑板，再强迫学生搬进笔记，搬进头脑。这种方式美其名曰"重基础"，语文教育的目标仍定位于认知上，忽视方法的传授和学生的情感体验。其实这些老师在课改之初也曾做过大胆的尝试，可发现无所适从后，便走了回头路。

另一个阵营高举课程改革的大旗，看重课堂的活泼生动，善于将课文内容进行拓展，抓住其中的一句话甚至能组织起一节课的大辩论。这些教师还喜好多媒体技术，声光电成了课堂的主流媒体，色彩斑斓、图文并茂充斥着课堂，黑板成了摆设，学生也没有了必要的笔记。他们不再对学生进行听说读写基础知识和基本能力的指导，还高擎人文精神的旗帜，甚至泛化人文精神，将人文精神置于语文教学的上方，但又简单地将其等同于思想素质、道德素质、政治品质。他们甚至要将语文教育与中华传统文化教育打通，试图教给学生高尚的人格、自强不息的品质。这类教师敢于实践、敢于探索和运用新的学习方式并重视语文课程的人文性，却相对地忽视了语文学科最本质、最基本的功能——即具有工具性的特点，把语文课上成了不像语文课的语文课。

面对这两种走向两个极端的教学模式，我们不禁要反思：到底该将语文课上成什么样子呢？每一个语文科同仁都该每天反思这个问题，要很好地把握自己的教学，做到教育有目标，育人有方向。其实最好的办法就是常翻看《语文课程标准》，时时明确语文课程的性质、定位，基本理念，课程总目标，各学段具体目标，甚至实施建议等。

怎样的语文教育目标观才是正确的呢？在做了必要的审视之后，笔者认为应处理好以下两个问题。

首先，要将语文课定位为语文技能教育课，这是语文作为学科生存的基点。也即听说读写、双基训练在当今不仅不可偏废，还应更加重视。我们要将语文还原到"语文是最重要的交际工具"这个认识上。既然是最重要的交际工具，当然要在听、说、读、写这几个方面下工夫，使他们会听善听、会说能说、会读乐读、会写写好，为他们以后的发展奠定坚实的基础。语文课要学好汉语拼音、识字写字的知识，词句段篇等基础性的知识，听说读写的策略性知识，搜集和处理信息的知识，开展语文综合性学习所需要的知识等。知识获取的手段，应以倡导学生的自主学习、自我建构为主。教师要善于指导学生利用已有的知识和经验建构新的知识。

其次，在关照语文工具性的基础上，努力丰富学生的精神世界、情感世界和人文品质。语文学科具有鲜明的人文性，语文教学也应该有情感、有生命。我们要努力引导学生直接与文本对话，使他们在生动积极的思维和情感活动中，有所感悟和思考，获得思想的启迪，享受审美的乐趣。总而言之，语文课有丰富学生精神世界的责任。社会不缺乏有学问的人，而缺乏有人性的人。正如《义务教育阶段语文课程标准》中所言"语文课程丰富的人文内涵对学生精神领域的影响是深广的，学生对语文材料的反应又往往是多元的。因此，应该重视语文的熏陶感染作用，注重教学内容的价值取向"。从这点来说，语文课除了教给学生学好其他课程所必备的基础知识，培养他们的语文基本能力外，还应重视培养学生的人文素养。要"重视提高学生的品德修养和审美情趣，促使他们逐步形成良好的个性和健全的人格，促使他们德智体美的和谐发展"。由此看来，语文教育宜帮助孩子们体验人类的诚实、善良、尊严、虔敬、悲悯、爱与尊重、理性与诗性，并依赖这些对一切的假恶丑进行审视和批判，帮助他们成为具有独立人格的公民。

语文教师一方面要善于挖掘教材中有丰富人文内涵的材料，将语文课堂和广阔的社会生活打通，让学生从极为丰富的书本世界与生活空间中感受浓浓的人文气息。我们可利用课堂中的几分钟时间将精短的美文推荐给学生，对他们进行长期而坚持不懈的人文熏陶，还可利用课余时间与孩子们一同走进图书馆、阅览室，与他们一起进入书的海洋，并开展精神的交流与对话。

教师在教育的过程中，要重视言传身教和榜样示范，提高自身的文化素质、道德水准、敬业精神，完善我们的人生观、价值观和思维方式，修养好为人处世的态度等。

语文教学不仅给了孩子们终身发展所需的语文基础知识与能力，更丰富了孩子们的人文素养和情感世界，让他们成为真正的人、大写的人。说到底，工具性与人文性的统一是语文课所必须追求的教育目标，二者不可偏废，只有这样才能真正提高学生的语文素养。

> **双赢课堂**
>
> 　　身为语文教师，不仅要帮助学生提高自己的语文素养，还应引导学生正确地看待每个问题。而只有努力提高自身的人文素养，拓宽自己的视野，才能更好地做一个引路者。

激活"小儿科"大课堂

从教语文十余年,体会很深的一点是语文课好教,但不容易教好,没有一定学养功底和创新意识,学生是不会喜欢的。如何上出让学生欢迎的语文课,是每个语文老师所应追寻的目标。几年来,结合学生的认知心理和注意力引发等因素,尝试着在每节课的前几分钟用一些"小儿科"形式,吸引学生的注意力,帮助他们迅速进入语文学习状态的同时,提高他们的语文素养。这些"小儿科"形式往往取自于课外知识,它能帮助学生主动将语文学习的视野从相对狭窄的课堂延伸到广阔的社会生活中,从而扩大语文学习的空间。

一、口头听说训练欲罢不能

新颁布的《全日制义务教育语文课程标准(实验稿)》的课程总目标指出:使学生"具有日常口语交际的基本能力,在各种交际活动中,学会倾听、表达与交流，初步学会文明地进行人际沟通和社会交往，发展合作精神"。从这一目标出发，语文教师应有意识地培养学生的口头听说能力。笔者一方面采取时文介评的方式从思想和品德上培育学生正确的人生观、价值观和世界观，另一方面则让学生表达自己的观点，提高他们口头表达能力，同时锻炼他们的胆量。

现在有不少值得广大中学生阅读和欣赏的好刊物，当中不乏短小精悍的美文。这些美文不仅时代气息浓，且多数催人上进，教会做人。例如：

消除脑海中与成功心态背道而驰的所有不良因素，务必使自己养成精益求精的习惯，改掉坏习惯，连续一个月每天减少一项恶习，并在一周结束时反省一下成果。

——《如何培养成功心态》
选自《素质教育·中学版》2003 年 7 — 8 期（合刊）

人的潜力远比我们想象的更巨大，何必在乎自己是否最优秀呢？成就本是人生的真义……你可以不是最优秀的人，努力仍然可以做到最好。

——《你不必是最优秀的》
选自《青年文摘》2003 年 12 期

我的母亲老了，常常站在院子门口朝外张望，手扶着墙，我每次去了，她都那么高兴，就像当年我站在院门口看到母亲从外边回来一样高兴……

——《母爱》

选自《读者》2003年16期

这些文章就像亲切的老师、慈爱的父母，语重心长地教导孩子如何看待世界，对待人生。常向学生推介这样的文章，可帮助学生拓宽视野，提高认识能力、辨别是非的能力等。在浓浓的人文氛围中，教师可以很自然地引导学生去看有益的课外书籍，自觉地把语文学习从课内延伸到课外。

除了老师读，学生听之外，笔者有时还让他们就文章谈自己的认识，甚至读到精彩处时故意停下，让学生猜想下面的情节如何发展。这些环节提高了学生的参与度，学生的激情一上来，整节课就容易上活了。

至于课前口语训练，学生要提前准备好材料，新闻播报、时事述评、好文章推介，甚至讲个笑话，说段幽默都行。其目的是让广大学生尤其是个性不强、胆子不大的学生培养起当众有条理说话的勇气。

二、对对子趣味盎然

语文学习的空间很大，生活中处处皆语文。像广告、对联、谜语、歇后语等生活中常见又易被忽视的内容，同样有利于提高学生的语文水平和能力。于是，对对子便被作为语文课的一项导趣内容，用以激活语文课堂的活力。

首先我让学生先搜集当地的对联，摘录书中读到的对子，请他们自己体会或向长辈请教所搜集对联的妙处。之后，因势利导地向他们介绍对联的有关知识，如对联的起源、历史、格律特点、对仗要求等，并说明对联是我国的文化国粹之一，是我国特有的、独立的文学艺术形式，具有长短自如、言简意赅、典雅优美、应用广泛等特点。学生了解这些知识后，笔者结合一些名联同学生一起分析鉴赏，然后教导学生学着对对子。拿出那些对联集里的上联，要求同学们课后按照对联的知识和对仗要求试着对出下联，并利用下一次课的前几分钟时间由学生自己板书所对的下联，由全体学生和老师一起鉴评，评出符合要求的对子。这种学生参与度高又能提高语文素养的课堂形式，很受学生欢迎。

尝试了一段时间的对对子训练后，有的学生开始自己创作对联，还主动向老师和同学推荐自己的作品。试举几例：

上联：海为龙世界

原下联：云为凤故乡

学生的下联：陆是人天堂 / 天是凤空间

────────────────────────

上联：鸡饥盗稻童筒打

参考下联：鼠暑凉梁客咳惊

学生的下联：鳄饿穿川仁人喂 / 瞪凳思师坐座安

────────────────────────

上联：童子打桐子，桐子落，童子乐

原下联：和尚立河上，河上崩，和尚奔

学生的下联：丫头吃鸭头，鸭头咸，丫头嫌 / 虱子咬狮子，狮子吼，虱子走

上联：船载石头，石重船轻，轻载重

原下联：杖量地面，地长杖短，短量长

学生的下联：鲸吃虾米，虾小鲸大，大吃小／石似银两，银真石假，假似真／蚁搬稻子，稻大蚁小，小搬大／针穿麻布，麻粗针细，细穿粗

三、猜字谜妙趣横生

作为我国传统的文化娱乐项目，谜语是一种很好的益智游戏，对开发智力、锻炼思维大有裨益。谜语有两大类——文义谜和民间谜，文义谜即为灯谜，着眼于说文解字，是谜语中最简单、最基本、数量最多的一个大类，也是引导学生步入"谜宫"大门的第一个台阶。

为了帮助学生掌握猜谜语的方法，首先拿出几个字谜给学生猜，然后问学生想不想学会猜字谜的方法，一猜一听令学生兴趣大增，纷纷表示想知道猜谜的方法。于是利用课前的几分钟，先教学生猜字谜的常用方法，并举出几个谜语进行试猜。有时学生所猜的谜底与参考谜底不一样，就让同学们一起来分析。一段时间后，学生猜谜的水平日见上升。有时常常一写出或说出谜面，学生就能马上猜出，即使一下子猜不出，课后他们也很有兴趣去试猜，有思路后往往迫不及待地拿来与朋友交流，甚至有的同学课后去找一些谜语考老师。试举几例：

挥手离去（谜底：军　离损法）

堆放大米（谜底：类　组合法）

浊水流尽湖水清（谜底：蝴　离合法）

主动一点（谜底：玉　调整法）

九十九（谜底：白　计算法）

一只黑狗，不叫不吼（谜底：默　拆字提义法）

我已离开河南（谜底：象　替代法）

山东阴雨绵绵（谜底：渔　推理法）

男的多（谜底：妙　会意法）

眉毛鼻子（谜底：公　象形法）

一字加两点（谜底：学　笔画法）

加倍不少，加一不好（谜底：夕　重扣法）

在这样长期的文字游戏中，学生不仅学会了猜谜的方法，还能更好地掌握汉字的结构特点，更好地正确运用祖国的语言文字，培养起热爱祖国语言文字的深厚感情。这些做法也符合《全日制义务教育语文课程标准（实验稿）》基本理念之一，即"全面提高学生的语文素养"中的"指导学生正确理解和运用祖国语言，丰富语言的积累"的要求，并且这样的"小儿科"课堂形式广受学生欢迎。

学生语文素养的提高需要全方位的语文教育，首先要扩大语文学习的外延，课内外结合，重视并充分利用校内外社会实践大课堂。构建起一个以语文课堂教学为主阵地，以语文课外活动和良好的语文学习环境为两翼的全新语文教学体系，建立起语文学习与社会生活及优秀传统文化的联系，让学生认识到中华文化的博大精深，吸收民族文化的智慧。积极设法拓展语文教学的外延，深化语文教学的内容，拓展语文教学的渠道，优化教学的合力。用形式多样的课外语文知识来有效激活语文大课堂，让学生在有限的语文课堂学习中树立起"大语文"

学习的观念，使得他们能自觉地随时随地学习语文，真正实现提高语文素养的最终目的。

> **双赢课堂**
>
> 要想从根本上提高学生的语文能力，就不能拘泥于课本知识。身为教师，应想方设法提高学生知识的宽度和广度，将有趣这一概念融入语文教学理念中。提高学生的课堂积极性才能更好地激发他们的创造力。

语文教学中的"主宾之道"

多媒体和信息高速公路成为工业化时代向信息时代转变的两大技术杠杆,他们以惊人的速度改变着人们的工作方式、学习方式、思维方式、交往方式乃至生活方式,其对教育的发展也起着越来越重要的作用。

国家教育部制定颁布了《义务教育阶段语文课程标准》,提出要"努力建设开放而有活力的语文课堂"的基本理念,要求广大语文教师注重现代科技手段的运用,使学生能进一步开阔视野,提高课堂学习效率,初步获得现代社会所需要的语文实践能力。现代教育技术是21世纪推进语文教学现代化所必须充分利用的、十分重要的教学手段。语文多媒体教学的辅助作用越来越明显,它以其集成性、控制性、多元化、多样化,为学生提供了生动活泼、丰富多彩的学习环境。它具有突破时空、增加范围、扩大容量的特点,在增加教材的直观性、形象性、生动性的同时，借助形、声、色、情的神奇配合，不仅为教师提供直观、形象、效率的教学手段，也同样为学生的语文学习、智力培养、素质提高提供了有效的途径。从教学方式或手段而言，它有别于传统教学，不仅使语言文字所描述的内容变成形、声结合的画面形式，让静态的审美对象活跃成为动态的审美对象，从而使学生直接受到美的熏陶。

但语文多媒体教学还面临着许多问题，总的来说，没有认真处理好教学中的"主宾之道"，即多媒体技术与语文教学二者之间该是客随主便、相敬如宾还是喧宾夺主这一问题。一部分教师在运用多媒体教学流程中，过于哗众取宠，浮于形式，导致课堂教学程序化、简单化，其直接后果是不能为不同发展水平、不同性格特征、不同兴趣爱好的学生提供一个参与、创造的空间，此实为"喧宾夺主"。

那么，在语文教学中如何协调好两者的关系呢？

首先，要明确语文教育教学的根本性质和目的，即"主人"的特点。

语文教学的目的是全面提高学生的语文素养，使他们具有适应实际需要的现代文阅读能力、写作能力和口语交际能力，具有初步的文字鉴赏能力和阅读浅易文言文的能力。要使学生加强积累、培养语感、发展思维、掌握语文学习的基本方法，养成自学语文的习惯，重视培养其发现、探究、解决问题的能力，为终身发展打好基础。这一学科特点决定了在语文教学中，教师要善于引导学生提高思想认识、道德修养、文化品位和审美能力。要重视发展学生的思维能力，尤其是创造性思维能力，重视提高学生的思维品质。重视语文知识与能力的整合，重视积累、感悟、熏陶和语感的培养，帮助学生提高整体语文素养。教师还要引导学生密切联系社会生活，加强课内外的沟通，注意开发现实生活中的语文教学资源，在生活中学语文、用语文。由此可见，多媒体教学这位"嘉宾"只是实现语文教学目标的一种手段，不能代替或包办一切语文活动。

其次，要在明确了"主人"特点的前提下，处理好三个关系，通过多媒体技术与语文教学的完美整合，实现教学效果的最优化。

一、要处理好知识传授与情感交流的关系，主要是要处理好"人"（师生）与"机"（多媒体的软、硬件）的关系

语文教学中，师生间的交流是双向互动的，除了知识的传授、反馈外，还有情感的交流。而"人"与"机"的交流是单向的，且缺乏情感，这势必决定了人机交流无法代替师生交流。在多媒体使用的方式与时机上，要突出教师在"教"中的主导地位，发挥学生的主观能动作用。不要用课件的演示代替老师的讲解。

二、要处理好图形图像与语言文字的关系，主要是处理好单一的形象视观与丰富个性化的再造想象之间的关系

语文是一门讲究形象思维的学科，如果老师为了让学生形象直观地感受课文内容而使用许多图形图像制作课件，只会导致现成的图形图像取代学生的想象空间，这种忽视个性差异的做法只能制约甚至剥夺学生想象的权利。语文老师应让学生在阅读理解语言文字中感受到文章的思想感情，也即通过语言文字生动形象的描述激发学生的形象

思维——想象，在他们的大脑中呈现出精彩的具体图像。因此，在制作和选用语文课件时，图形图像资料的应用要遵循只取所需、适可而止的原则，千万不要过于注重课件美观而"喧宾夺主"。当然，对于学生相对陌生或缺少相关生活画面但又与课文理解密切相关的内容，可在课件中适当呈现。在语文教学中，教师的任务并非简单地图解课文描述的人与实物，而是借助图形图像创设情境，引导学生把语言文字还原成生活图景，并加以感受或表达，其终极目标是用图像图形唤醒学生对语言文字的感受，进而创造出新的生活图景，丰富情感体验。因此，展示图形图像不能代替阅读主体的想象。

三、要处理好课堂气氛与教学密度、课堂教学与课外延伸的关系，使多媒体美丽且实用

在语文多媒体教学中，教师常常利用多媒体创设情境，引导学生观察比较并概括事物的特点，寻找事物的规律，发现事物的本质等。这样做不仅能较好调动学生的学习积极性，课堂的气氛也会充满活力。但一堂课下来，除了热闹和书本上已有的观点之外，学生的脑子大多空空如也。反思可知，主要是老师在课堂教学的组织上，偏重于气氛的活跃，忽视了教学的必要密度，不能很好体现语文学科的知识点和能力点，以致学生收获很少，导致多媒体教学好看不实用。

语文教学的终极任务是培养学生的语文素养。这素养自然包括语文学习的习惯，即除了让学生在课堂学好语文外，还要使得他们在生活中养成无处不学语文，无时不学语文的习惯。利用多媒体教学在课内充分激发学生的学习积极性，把知识向课外拓展延伸，把问题向课

外拓展延伸，培养他们的创新精神和能力。这样，多媒体不再只是解决问题的辅助工具，也成为提出问题的诱导载体。再者，多媒体还有其内在的教育作用，如培养学生对现代教育技术的兴趣，引导学生利用现代教育技术主动学习，树立正确的网络观，合理有效地利用好网络资源等的作用。

总的说来，在现代语文教学的形势中，语文教师既要充分掌握、利用好高效率的多媒体技术，提高语文教学的效率，增大语文课堂教学的容量，也要时刻关注语文教育的性质、任务和特点，时刻谨记语文学科对学生成长的重要作用。

双赢课堂

在现代多媒体教学中，既要让教学的"嘉宾""贵宾"（即"多媒体技术"）充分发挥应有的作用，也要牢记"主人"（语文学科的特点、性质）的身份和职责，努力做到两者的和谐统一，尽量避免出现"喧宾夺主"的尴尬局面。这恐怕是语文多媒体教学真正的"主宾之道"。

独立阅读能力之培养

阅读课堂教学常会出现这样的热闹现象：老师刚提出问题，便组织分组讨论。一时间，课堂犹如闹市般，充满着生机与活力。可这种热闹的课堂，这种还没有深入研读文本（课文）就开始的讨论，能否真正提高学生的阅读能力呢？

总的来说，阅读教学的目的是培养学生的独立阅读能力，因为语文课堂教学不只为教给学生读懂文章、如何做阅读理解题的能力，更为培养学生一种离开了老师和课堂，仍能读书的能力，即终身受用的阅读能力。所以说，阅读教学的目标是真正培养学生独立阅读能力。

那么，如何有效培养学生的独立阅读能力呢？

一、教给学生最基本的阅读方法，努力培养他们的阅读习惯

现在的孩子愈加不爱读书了，尤其不爱看有一定思想深度的文章

和著作。语文教师要意识到一个缺乏思想、不愿意挑战和尝试的孩子是无法取得真正成功的，更无力挑起更重的担子。所以教师要有意识地向他们灌输读书钻研的精神，鼓励他们敢于挑战自己、超越过去。

随后，我们应帮助他们掌握一些最基本的阅读方法，努力培养令他们终身受用的阅读习惯。或许学生已经在老师的指导下读过不少文章，但他们仍在新文章面前没有信心。面对这种情况，最基本的阅读方法是必要的，比如读书时凝神不分心，边读边思考，联系上下文理解，联系生活实际，联系自身情感体验等。在阅读教学的过程中，还应将阅读习惯意识灌输给学生，让他们努力养成良好的阅读习惯。如认真读书的好习惯，充分利用闲暇空余读书的习惯，选择有益书籍阅读的习惯，不动笔墨不读书的习惯，温故而知新的习惯等。

学生在长期阅读课堂教学熏陶及大量阅读训练下，如果能掌握基本的阅读方法，养成良好的独立阅读习惯，那么无论何时何地，他们必将能读好书、会读书、爱读书。而这也是阅读教学最根本的要旨。

二、阅读教学的课堂应是充分研读文本的课堂，是重视个体思考的课堂

语文课程标准说阅读是搜集处理信息、认识世界、发展思维、获得审美体验的重要途径。读者的阅读，是一种由读者和作者共同参与、共同创造的过程。所以，我们要充分重视学生在阅读过程中的主体地位，强调学生阅读的自主性和独立性。课文（文本）的意义是学生在阅读过程中自行发现、自行建构起来的，因此要让学生自己学会阅读。

在阅读过程中，学生的独特感受和体验也应得到重视。每个学生

的生活经验和个性气质各异,他们阅读同一内容有不同的感受极为自然,所以无须追求统一答案和所谓标准的说法,教师应鼓励学生对阅读内容做出自己的反应,并给足自我学生阅读和独立思考问题的时间。

有些老师怕课堂冷场,其实,课堂上学生需要有自己的时间,而老师应给他们留足"空白"。在问题提出之后,千万别立即组织小组讨论,让学生先各自读课文,自己思考问题,给他们充分的时间理解文中的语言,等待学生自己将思维拓展,将想象驰骋,生发出各自精彩的奇思妙想,迸发出异彩纷呈的智慧火花。

只有充分地研读文本,重视个体思考,接下来的讨论才能真正碰撞出灿烂的火花。这样的热闹才是有价值的、集思广益的,是最充分的分享智慧。这样的课堂必将是有效的阅读教学的课堂,一张一弛间着眼于孩子一生的发展和进步。

三、语文教师要在培养学生独立阅读能力中充分发挥培育、引导的作用

教师是课堂阅读活动的示范者、组织者,学生阅读活动的促进者,当然也是阅读教学中的对话者之一。作为文本和学生间的中介者,语文教师的思想深度、文化水准、审美能力都要高于学生,应该在学生的阅读过程中起引导作用,而不是替代或强迫学生接受的作用。

在培养学生独立阅读能力的过程中,语文教师要做好自己作为阅读示范者的角色。为阅读教学创设一种氛围,使学生亲近文本,产生阅读的欲望,在学生与文本对话过程中随时提供可能的帮助。

阅读教学中,教师还要充分发挥自己的主体性,做精当的讲述、

巧妙的引导，帮助学生补充自己的阅读感受和见解，提高阅读水平。

语文教师还应树立平等包容的意识，鼓励学生在阅读中对文本进行多元解读，以此培养他们的独立阅读能力。首先，文本本身就是一个极其复杂的世界，具有开放性的特征，应以多元思维来对待。其次，当学生阅读时，他们在凭借自己的知识基础、经验积累等对文本进行意义上的重建。因此，对来自学生的充满个性风采的解读应抱以宽容之怀，努力营造一种平等、和谐、自由交流的空间与氛围。唯有如此，学生在这种氛围熏陶下才能大胆表达自己对文本的个性化解读，其独立阅读能力也必定能得以提高和发展。

> **双赢课堂**
>
> 阅读教学的目的是培养学生的独立阅读能力，即终身受用的阅读能力。基于此，教师应培养学生的阅读习惯，提高他们阅读时进行思考的能力。唯此，学生才能逐渐对文本有个性化的解读。

文言文教学之范背

教学多年，我在文言文教学中想了不少办法。比如尝试过一句一句隔行板书再字字句句细嚼慢咽"喂"给学生，也尝试过要学生结合注解轮流尝试译句之后再串讲，还尝试过以朗读秉承"读书百遍，其意自见"的古训，但如此种种，真正能做到理解和掌握的学生少之又少。如若再加上按课后练习要求背诵全文或段落，那更多的同学便大呼要命了。为什么文言文学习对中学生如此之难呢？是否是语言的时代差异而造成学生文言文学习心理的障碍？

一次偶然的机会，笔者解开了谜团。

学习《岳阳楼记》时，依照惯例，先引入新课，介绍作者及相关背景，概述文章后帮学生正音，告诉学生这是篇千古名文，要求大家认真学习并全文背诵。这时一位同学低声说了一句："老师，这篇课文这么长又要背，您给我们先示范背一遍吧。"《岳阳楼记》自己教过不下五遍，但要在毫无心理准备的前提下背诵全文，仍有难度。

那次之后，我发誓将所有文言诗文（不管课后要不要求背）在教之前必须全文范背一遍，并且要一字不漏，流畅而饱含感情。

自从老师范背课文后，学生学文言文的兴趣和热情一下子高涨了许多，理解和掌握文章的效率也超出了预期。笔者因势利导，采用竞赛法和奖励法鼓励学生。有些学生甚至能在开新课时就举起手来："老师，让我先试试。"还有个别同学竟能将一些课内文言自读文及不要求背的文言课文背出来。

心理学研究告诉我们，教师能否激发学生的学习兴趣是教学成败的关键。要激发学生学习的兴趣，一般应遵循直观性、参与性和新颖性三原则并适应儿童心理的特点。范背则直观地将教学的要求由对学生的单向参与变成了师生双方的参与，无形中还将师生的关系置于平等的地位。

> **双赢课堂**
>
> 范背是教师用行动给学生做榜样，让学生明白老师能做到的，思维活跃记忆力强的年轻学生们一样能做到。笔者以自己的教学实践表明，范背是激发学生文言文学习兴趣的有效策略之一。

着眼于学生发展的语文课程标准

在我国，普遍存在的语文应试教育以科学主义和实用功利主义为指归，追求划一性、模式化，严重压抑了学生的个性发展。人类已经进入 21 世纪，知识经济业已来临，信息产业和网络技术蓬勃发展，那种把语文教育局限于课堂、书本，以提高学生考试成绩为唯一目的的语文教学模式，已严重阻碍了语文教育及学生个性发展的需求。所幸随着课程改革的春风吹遍神州，一个具有划时代意义并着眼于人类发展的语文课程标准应运而生。

一、语文课标着眼于培养有人文精神的人，为人的终身发展奠定思想基础

"人是要有精神的。"所谓精神，是指具有一定能动的思想，具有一定的人文情感。时下的语文教育忽视人的精神，缺乏对人思想的

关注和塑造，把教育对象当做产品一样去加工，以致最后从学校走出来的多是整齐单一且缺乏个性色彩的人。在新的时代和形势面前，我们必须清醒地认识到有思想的人、有人文精神的人对国家、民族的发展都起着至关重要的作用。

语文课程标准在其基本理念中明确说明："语文课程标准应培育学生热爱祖国语文的思想感情……还应重视提高学生的品德修养和审美情趣，使他们逐步形成良好的个性和健全的人格。"在其总目标中也明确规定：在语文学习过程中，培养爱国主义感情，社会主义道德品质，逐步形成积极的人生态度和正确的价值观，提高文化品位和审美情趣……认识中华文化的丰厚博大，吸收民族文化智慧……培植热爱祖国语言文字的情感，养成语文学习的自信心和良好习惯。

这些规定，给语文教育提出了培养目标和具体要求，也解决了包括语文教育在内的义务教育要培养什么人的问题。它将教育对象当成活生生的个体，而且不但关注个体的发展，更从民族文化、国家情感、人生价值观的高度规范了教育对象作为发展主体应具有的思想素养。通俗地说，这些规定使语文教育不至于偏离正确的航向。

在语文教育实践中，教育者应切实关注学生的发展。教师既要善于通过教材和读物来潜移默化地影响学生，让他们从博大精深的中华传统文化中汲取思想养料，培植起热爱祖国语言、热爱祖国的深厚感情，还应当用当代祖国日新月异的发展事实来教育学生，帮助他们树立为国家为民族发展贡献才华的思想和意识。

二、语文课标着眼于培养有语文能力的人，为人的发展提供工具的保证

语文是最重要的交际工具，是工具性与人文性的统一体。我们在语文教育中同样不能忽视语文学科作为工具的重要性。

语文课程标准也明确规定：要丰富（学生的）语言积累，培养语感，发展思维，使他们具有适应实际需要的识字写字能力、阅读能力、写作能力、口语交际能力。在占课程总目标一半多的第四、第六、第七、第八、第九、第十点中，非常醒目地表明了语文教育的工具性特点。

这些要求是基于学生作为个体的人在其一生的发展中所应具备的基本语文能力而提出来的。语文的基本能力不应只局限于学校教育，更应看到它给一个人一生发展所带来的作用和影响。

在语文教育实践中，教师不应该只从零碎的能力点和片面的读写角度去考虑。我们应有"语文教育应该达到使个体（即学生）掌握语言这个生活与工作的工具而获得生存与发展的基本手段"的认识。只有这样，在语文教育中，才能高屋建瓴地处理语文的工具性价值，处理语文能力培养的系统化、有序化和全面化，并能通过切切实实的一系列教育达到让学生对语文作为工具性的把握，提高他们的语文素养，也为其一生的发展提供有力的工具保障。

在强调人文性的同时，切忌为追求人文性而无视工具性。应将两者有机地结合起来，达到和谐的统一。

三、语文课标着眼于培养会学习的人，为人的发展构筑驱动机制

时下的教育，往往只注重知识的传授和能力的培养，尤其是知识的硬性灌输，学生往往变成一个记忆的"容器"，没有了迁移知识的能力，也就缺乏了学习能力。语文课程标准在总结过去语文教育的得失基础上，在其理念中明确提出："学生是学习和发展的主体。语文课程必须根据学生身心发展和语文学习的特点，关注学生的个体差异和不同的学习需求，爱护学生的好奇心、求知欲，充分激发学生的主动意识和进取精神，倡导自主、合作、探究的学习方式。"

总目标也明确说明：（让学生）掌握最基本的语文学习方法。能主动进行探究性学习，在实践中学习和运用语文。可以说，作为语文教育的纲领，语文课程标准第一次提出了语文学习的方式问题。学习方式的提出正是基于看到过去语文教育所存在的弊端、偏向而有针对性地提出了新的要求。在各种语文考试（尤其是中考、高考）的指挥棒下，我们的语文教育只关注知识点的传授、教材的教学，只关注以及教学参考书中的"标准"答案。于是，死记硬背成了语文教学的"神圣法宝"。

课程标准对学习方式的明确要求，无疑是对过去语文教学方式的一次扬弃，也是第一次站到了学生作为学习和发展主体这一高度，明确提出为其发展构筑良性的驱动机制。如"探究性学习"，作为一种学习方式，它强调学习主体的主动性、主体性、实践性、参与性、问题性和开放性等。它不再让学生被动地学习，被动地把记忆当成学好语文的唯一要径。

探究性学习之外，培养学生的自学能力同样至关重要。自学能力的培养是语文学习的一项重要任务。学校教育的最终目标不是把学生培养成掌握多少知识的终结性教育产品，而是要把学生培养成具有完全自学能力的终身学习者。可见自学能力是终身学习的基础学力，是个体发展的基本动力源泉。

语文教学应加强学生自学能力的指导，在教学中有意识地传授自学方法，指出自学重点。把课堂教学与学生自学有机地结合起来，将学生的自学实践贯穿语文教学的始终。让他们逐渐学会通过自己的努力解决问题。

四、语文课标着眼于培养能创造的人，为人的发展确立保障目标

创新是一个民族的灵魂。因循守旧、陈陈相因已不能适应新形势的发展要求。从长远的角度而言，创新不足对个体和民族都是灾难。提倡创新已经成为新时期发展的主旋律。

语文课程标准明确规定了语文课程的努力方向："应植根于现实，面向世界，面向未来。应拓宽语文学习和运用的领域。注重跨学科的学习和现代科技手段的运用……语文学习应该是开放而富有创新活力的，应该尽可能满足不同地区、不同学校、不同学生的要求，并能根据社会的需要不断自我调节、更新发展。应当密切关注当代社会信息化的进程，推动语文课程的变革和发展。"

作为一门与时代衔接紧密的学科教育工作者，语文教师们应努力在教育实践中培养学生的创新意识和创新能力。首先应创设宽松的创

造环境和空间,把学生当做发展的人看待,正确对待学生在发展过程中存在的各种缺点与不足,要多鼓励并激发他们的自信心、自尊心。善于听取学生的想法,多尊重和重视他们的意见。在这样的情境与氛围中,学生对语文未知世界的探究热情和兴趣将得以激发和巩固。

要培养学生的创新能力,教师本身必须具有敏锐的创新意识,深入挖掘与教材联系紧密的未知知识领域,审美空间与哲理世界展示捕捉信息的思维训练过程,充分利用教材中隐含的思维训练因素,提高学生的创新思维能力。语文教学不仅要培养学生的创新思维能力,还要注重加强对学生进行创造性人格的培养,使创新意识化作个体发展的内在心理与情感需求,为个体不断发展创造持久的人格保障目标。

> **双赢课堂**
>
> 新课程标准要求老师打破应试教育的桎梏,将人的发展作为教育的主要目标,从表面上关注学生的成绩转变为关注学生的心理健康及思考创新能力。只有这样,才能培养出真正为祖国所用的人才。

创新写作教学的根本——观念更新

作文教学，仍笼罩在一种虚假编造的氛围中。在作文中，有那么多"需要打招呼的朋友"，即熟识的面孔。甚至在神圣的高考考场上，每年的报刊传媒都要为特别高明的抄袭文章争论一番。归根到底是语文教师在作文教学中指导观念模糊、认识不清所致。明白什么是"作文"，该怎样指导学生写作文，是当前写作教学最亟须解决的问题。在如今形势下，作文观念的更新是写作教学，也是创新写作教学的根本。写作教学应着力于加强三个方面观念的更新。

一、写作的本质即创新

有的教师仍在不厌其烦地教学生将遥远的往事写入作文，或者教孩子们借鉴别人的"好材料"，再或者一遍遍地将写作技巧传授给学生。可这些老师忘了，写作是一种个性化、创造性的活动。写作原本就是写自己的东西，包括经历、耳闻目睹、感受和情感、想象，而非抄袭或"克隆"他人的东西。再者，时代的变化影响人们的经历、感受和感情。在这种时时刻刻的变化中，孩子们在成长，在用自己的眼睛观察中成长，在用自己的心灵体验中成长，在用自己的头脑思考中成长。教师应指导学生写自己的感受、体验。由此，这样的文章对于别人而言是新颖的，也是创新的。简而言之，创新就是写"真我"，写自我，写"今天的我"。

只要是自己的，就是创造创新；也只有是自己的，才是创造创新。

二、写作的个性化是创新写作的灵魂

这是一个追求个性的时代，我们没有理由压抑学生的个性。有一位同学曾在作文中写道："到了初二，班上换了新的语文老师。他的到来，改变了我以往的胆怯。过去我的作文都很平实，几乎不带一点感情。可能是他的为人，使我把压抑多年的感情流露了出来。"可以想见，一个十四五岁的少年都感觉到身心压抑，作文的欠缺是由于他们的个性受压抑所致。

学生不是工厂流水线上规格统一的产品，而是具有个性的、正在成长中的人。再加上他们在性格、修养、生活阅历、知识积累、综合素质、思维方式等方面的差异，势必将成长为个性鲜明的主体。如果我们苛求他们像"产品"般统一，那将是对他们未来的不负责任。

在写作教学中，我们应该给学生传达这样的思想：写作时无须揣摩他人的好恶评价标准，只要写尽自己的所见所闻、所思所想，还要敢写前人之未写，尽量做到不重复别人，不重复自己的过去，要从作文中折射出"独一无二的我"的影子。这样写出的文章必然是充满个性的、创新的、与众不同的。只要对学生习作中哪怕一点点与众不同的个性化文字都大肆赞赏和褒扬，学生定会在你激情的引导下不断求新、创新，写出真我的个性，也活出有个性的真我。

三、重思想是创新写作的基点

现在的孩子仍有盲从、从众、不敢展示自己思想的弊病。在作文中无不流露出弱者情结、自大情结、自欺情结、速成情结等思想。在应该最富有想象力的少年心中，你很难发现他们头脑中有"思想"，有的都是别人的话。孩子们把自己禁锢在"传统"思想的氛围中，不敢发表自己的思想，缺乏怀疑和批判精神。

写作以其超越时空限制和更为细腻、深刻、丰富等特点而成为一种好的表达方式，它是表达、交流思想的好渠道。教师应该努力在写作教学中培养学生成为"思想家"，培养他们在学习、生活中善于观察、思考、质疑、探索、创造的习惯和精神。这种观察和思想应该是全方位的，包括人生与社会、历史与现实、文化与精神等各种领域。教师应引导学生关注发生在他们身边的大事小事，关注民生，关注国家政策、国际风云，关注弱势群体和文化的多元等。教师在作文教学中，不要害怕学生思考，思考是人的权利，是人成其为人的本质因素。只有让他们真正用自己的头脑去思考历史与现实生活中的种种问题，才能在我们的教育下培养出一批又一批有社会责任感、历史使命感和人生沧桑感的一代。

在写作教学中，教师还要鼓励学生敢于怀疑和批判。在他们的思考中必然会产生与现实既定思想不相切合的想法，要鼓励他们敢于发表出来，并鼓励他们思考出解决问题的策略和方法——用民族的责任心、社会的责任感去批判和思考，只有这样，他们的习作才会纷呈出让我们欣慰不已的色彩。

> **双赢课堂**
>
> 教师不仅应该教导学生什么是写作，更应该鼓励学生在传统作文形式的基础上创新，帮助学生写出有思想、有个性的作文。

作文创新的"实验田"

创新是一个民族的灵魂，是时代的主旋律，没有创新就谈不上发展。新一轮基础教育课程改革也及时将"创新""创造"写入了《语文课程标准》，作为语文教学（包括作文教学）的基本要求之一。如在《全日制义务教育语文课程标准》的"课程目标"之"总目标"的第四点就明确要求："在发展语言能力的同时，发展思维能力，激发想象力和创造潜能。逐步养成实事求是、崇尚真知的科学态度，初步掌握科学的思想方法。"在"阶段目标"的"7—9年级学段"写作要求的第二点也要求："写作要感情真挚，力求表达自己对自然、社会、人生的独特感受和真切体验（即个性化的）。"在第三部分"实施建议"谈到写作还是要求："写作是运用语言文字进行表达和交流的重要方式，是认识世界、认识自我、进行创造性表述的过程。"看来实践创新写作也应成为广大语文教师共同努力的方向。创新作文教学不应单体现在平时,即使在激烈的竞争舞台——考场也同样要敢于创新,让考场成为作文创新的"实验田"。

一、让个性思想的种子在"实验田"里生根发芽

什么是"创新作文"?千人有千人的说法,但有一点应该是统一的,即写出真我的个性,展示真我的风采,显露自己有别于他人的独特之处。创新作文是要讲个性的。正如卢契卡在《审美特性》中所说,"毫无疑问,每一个读你文章的人都希望从你的文中找到的是一个真实的、活生生的人,而不是一列堆砌的数字和一个漫谈芸芸众生的你"。所以,在考场上,要敢于展示出真我的个性风采,写出关于你自己的故事。把你对世界的认知、态度,对自然、人类、机会等的看法表达出来,让你的个性思想在考场这块实验田里生根发芽。

在具体的构思上,要把握立意的思想性和新颖性。不管是话题作文,还是命题、半命题作文,或是材料作文,审题之后,立意时要注意广度、深度和精度,不要只局限于题目本身,然后选择自己最擅长的方面写。立意时还要放开思想,从更深的层次上去挖掘、去思考,探究出深刻的内涵来。还要注意立意的精度,针对性要强,倡导健康向上的精神。另外,要使文章写出个性,应该紧跟时代的步伐,甚至走在时代的前头。

二、让形式新颖的花朵在"实验田"里争奇斗艳

要想在考场上脱颖而出,除了有个性思想、深刻新颖的立意外,考场作文的外在形式也很重要,创新的作文格式也是考场制胜的一大法宝。众所周知,形式是作文表达的外化,也是立竿见影的创新途径。作文形式的创新,就是抛开旧有的、一成不变的模式,打破千文一面、

众口一词的格式化，抛弃"三段论""新八股"以及语言上的陈词滥调。尽可能地在考场上用自己最擅长的写作形式，这样也给阅卷老师以一种清新扑面、爽亮明快的感觉。

主要可从两个角度去把握创新的形式。一是文章标题，二是正文的内容形式。标题是文章的眼睛，一道新颖别致的标题，就如一道靓丽夺目的风景线，首先吸引读者或阅卷老师的注意。古今中外的优秀作家，都很在意为自己的文章拟就一个最别致精彩、最让人过目不忘的标题。给文章拟一个创新的个性化的标题，可有多种方法。如用简洁明快的语言，一语中的，巧用诗词，灵活镶嵌，运用修辞，形象生动，还可活用一些熟语。

再说考场作文内容的形式创新。大家都知道"万绿丛中一点红"的道理。在千篇一律的作文结构样式的考场作文里，如果你能别出一格，自然很快将考官的眼球吸引过来，获得阅卷老师的青睐。考场作文中可用的形式不少，如小标题式（它明白畅晓，一目了然，还可省去不少过渡性的语言——当然也要求小标题之间有内在的关联，前后协调连贯）、日记式（三五则或者两三则日记组合成文，便于抒发真情实感，可将作文内容涉及的时空跨度增大，还可巧用日记式设置悬念，而后逐步释疑，平息矛盾或冲突）、题记后记式（给文章带上一顶艳丽的凤冠或安上一羽美丽迷人的凤尾，文章前后的这一小段或一两句精辟的话语，可明示主题，或引人回味余思，遐想联翩）、书信式（用这种面对面的亲切的交谈方式，便于最真切地抒发感情，拉近与读者或阅卷老师之间的距离）这几种形式。另外，还可用剧本式、实验报告式、说明书式、证明题式等。新颖创新的作文形式，总给人以耳目一新之感，自然会获得阅卷老师的好感。

当然，写作不能为形式而形式，考场作文更应努力地将创新形式与创新思想、创新内容紧密结合起来。考场作文必须使用自己最擅长的那种写作形式，熟知这种形式的要求、特点，以及最好的表达效果，这样你的作文才能真正让形式新颖的花朵在考场这块"实验田"里光彩夺目。

考场作文还有一点是该特别重视的，即考场作文创新的又一法宝——语言。在内容（立意）、形式相当的条件下，一篇作文的语言直接决定这篇作文质量高下。那如何在考场这块"实验田"中使语言这片精灵的枝叶轻舞飞扬呢？同样根据自己的特长，要么用语洗练简约，要么轻松活泼，要么含义隽永。只有努力地在立意、形式、语言等方面从平凡中走出来，才能出奇制胜，获得考场上的成功。

双赢课堂

"创新作文"的主旨为展示真我，显露自己有别于他人的独特之处。作文的创新包括思想的创新及形式的创新，总的来说，写作不能为形式而形式，考场作文更应努力地将创新的思想与内容紧密结合，确保整篇文章饱满。

在作文教学中培养成就动机

什么是成就动机？成就动机由成就需要转化而来，它指一个人对自己认为重要或有价值的工作，不但愿意去做，而且能达到完美境界的一种内在推动力量。成就水平高的学生不满足于已有成绩，心中抱有更高的追求。他们在成就需要的推动下具有饱满的学习热情，坚强的学习毅力及高度的学习自觉性。可培养学生写作上的成就动机是提高学生写作水平的有效途径。笔者结合自己的作文教学实践来谈如何在写作教学中培养学生的成就动机，促进他们写作能力的进步。

一、进行目的性教育是激发动机、培养写作能力的前提和基础

作文是一个由"内"而"外"、灵活且综合运用已学知识表达自己思想的过程。可是学生却常常把作文当成一种负担，缺乏内在的推

动力量。教师的任务就是要在作文教学中努力培养学生的成就动机，引导他们逐步认识到写作的重要和价值。

首先要明确写作目标，并强化对目标的认识。要让学生认识到，较强的写作能力是当前学习的基础，如思想政治、历史、地理学科的论述、分析、综合表述以及物理、化学、生物学科知识与生活的联系问题等，这些都与表达能力密切相关。写作还同个人未来的学习、工作紧密相连，同提高整个民族的文化素质相关联。正如叶圣陶先生所说："人在生活、工作中随时需要作文。因此要求学生写好作文，在中学阶段打下坚实的基础，不宜存有为考试（或应付老师）而作文的念头……学生学作文就是要练成一种熟练技能，一辈子经得起各类最广泛意义的'考试'（即考验）。"

其次还应向学生介绍写作能力在社会生活中各领域的实用价值，讲清会写作文对每个人都是不可缺少的，如马克思、列宁、毛泽东等各个导师和领袖虽不全是文学家，但都能著书立说。正因如此，才有了各种指导实践的理论引导无产阶级走向胜利。还有一些研究自然科学的专家们，他们在写作上也有很深的造诣，除撰写文章公布自己的研究成果外，他们还常为普及科学知识而撰写浅显易懂的科普文章。

然而，学习目的性教育不是一两节课就可以让学生铭记于心的，必须将目的性教育贯穿于作文教学的始终。只有这样，帮助学生明确写好作文是做一个合格中学生的必备条件，是将来成为社会主义现代化建设者和接班人的必备因素，才能激发起他们的写作动机和兴趣。

二、寄予厚望并创造条件让每个学生体验成功的愉悦

在实际的作文教学中，不少学生视作文为畏途，一听到要写作文就头疼，而个别优秀生却乐此不疲。原因很明显，大部分教师将厚望过多寄托在优秀生身上，使他们的成就动机长盛不衰，却忽视最需要鼓励和给予期望的中下等生。因此教师应通过诚意的谈话、鼓励性的作文评语告诉中下等生，老师认为他们在写作上大有潜力，并说相信他们一定能将作文写好。在作文评讲中，努力寻找闪光点，真诚地对他们的每一点进步都给予赞许。

心理学研究表明，培养成就动机的核心是使学生获得成功的体验。这种体验就是教师结合对学生寄予的厚望与具体、合适的要求，为学生创造多方面成功的机会，帮助他们不断发现新的"自我"，在心理上感受到学习成功的喜悦。学生们在写作中的不断成功体验是产生写作动力的根本源泉，是他们产生写作热情的原动力。教师们应努力创造条件让每一个学生都成为写作的胜利者，并时常表露出对学生的信任。这样写作就成了"为成功而进行努力—成功—更大努力—更大成功"的良性循环。学生经过自己努力获得了写作的成功，这种成功后的心理体验非常有助于学生个体发掘并提高自己的写作潜力。

三、鼓励学生写自己所见、所闻、所感，方可有成功体验

作文如做人。做人要真情、诚实，作文也如此。老师要让学生树立起正确的写作观念，让学生明白作文是一种精神产品，是自己的所

思所感，而非人云亦云的东西。既然如此，作文应该写自己熟悉的、最动情的东西，才会有话可说，也只有最动情的东西，才会感动别人。教师应鼓励学生说真话、诉真情，不说令人反感的假话、空话、大话，不写让人生厌的矫情、虚情。对学生作文中表露的虚情假意要予以引导，让他们从心底明白作文最基本的原则要求和规律。

为了帮助学生更深刻理解这些原则和规律，使他们写作时有话可说，还要在"源头"上帮助他们树立大语文的观念——即生活处处皆语文。告诉学生只要认真用自己的眼睛去观察生活，用自己的心灵去感受生活，就容易在日常平凡的生活中发现美、认识美，进而记下美的瞬间。同时，教师还要引导他们关注家庭、社会生活的方方面面，把美好的感情、痛苦的经历、执着的追求都通过作文反映出来。

> **双赢课堂**
>
> 成就动机指一个人对自己认为重要或有价值的工作，不但愿意去做，而且能达到完美境界的一种内在推动力量。教师应在作文教学中努力培养学生的成就动机，引导他们逐步正确地认识写作。

还鸟儿以飞翔的天空

创新是一个民族进步的灵魂，是国家兴旺发达的不竭动力。新世纪的基础教育，应该把培养学生创新意识和创新精神放在实施素质教育的首要位置。那么，语文这门最基础的学科又如何培养激发他们的创新能力呢？

一、教师的观念更新应摆在首位，努力营造民主、平等、和谐的教学氛围

无论外界的语文教学改革如何轰轰烈烈，层出不穷的教学改革模式如何铺天盖地，有些老师就是置若罔闻，大有"我自岿然不动"的架势。他们在教学中仍奉行那套"亘古不变"的八股教法，唯教学参考书或资料的参考答案"马首是瞻"。不读教学刊物，不学经典教育理论文章，更不动笔写自己的教育教学体会，教学中极少做创新尝试。

在课堂教学中，一切教学活动都是事先设计好的，学生在课堂中闪现的创造性火花一出来就被这些老师"扑"灭了。在课堂，他们坚持只有老师的话是对的，不可撼摇的，"师道尊严"也一定是不可违反的等。这样的语文老师为数不少，在这样观念的教师培养下的学生，他们的创新意识和能力如何开掘？长此以往，一个国家的兴旺、进步如何实现？

有这样一个例子：一位教师在讲授《〈论语〉十则》之"子在川上曰：'逝者如斯夫'"时，他问学生，"川"是什么意思？孔子在什么地方说这句话的？座中的学生纷纷议论，有的回答"河岸""河边"，也有回答"河的上游""河中的行船上"的。待学生们说完，这位老师说"是在河岸边上"，其他的答案都不对。呜呼！可恨的"标准答案"！难道孔子非得在河岸边才能感受到时光如流水般稍瞬即逝吗？孩子的头脑中蹦出的智慧之光顿时变得"一文不值"。

有的老师把"懂了吗？""知道吗？"作为自己教学的口头禅，以一个救世主的"传道者"自居，全然不把这些未来的创造者和成功者当做平等的人去看。

语文老师应该抛弃蒂固于头脑根处的陋见。尊重学生的人格，尊重学生的主体地位，尊重学生的个性差异。放下师道尊严的架子，把孩子们当成和老师有同样尊严权益的人来对待。鼓励孩子们发表自己的见解和看法，激励他们大胆思考，敢于跨越雷池，主动参与课堂，充分展示各自的才能。特别是对于自信心不足的孩子，老师更要创造条件让他们充分大胆发表意见，要善于保护他们的自尊心。只有这样，学生的主体地位才会被认可，他们的身心方可得到解放，主动精神才能得到培育和发展，创新能力才能得到发挥。

二、鼓励学生敢于质疑，善于求异

创新精神的培养需要内在动机和外在动机的共同作用。对于教师来说，能给予学生最好的外在动机就是多对他们进行鼓励（有声或无言的）。让他们在鼓励的目光和言语中不拘泥于书本、不墨守于成规，在学习过程中，通过自己大胆的探索和独立的思考，敢于提出不同的意见，做到不唯书，不唯上、敢于质疑，敢于超越。同时，老师还应将创造性质疑的方法传授给学生，引导他们通过"摄取信息—发现问题—独立思考—创造性质疑"的学习过程，发现并提出有价值的疑问。另外，要鼓励学生敢于逆向思维，敢于反驳或修正别人的观点，只要言之成理就好。例如，在学习《出师表》时，有同学对"先帝不以臣卑鄙"一句的注释产生了疑问。课文注释将"卑鄙"解释为"地位低微，出身鄙野"。该生认为，"地位低微"与"出身鄙野"意思相近，其实都只解释了"卑"的意思，忽略了"鄙"的意思。他结合《曹刿论战》中"肉食者鄙"中将"鄙"释为"目光短浅、见识浅陋"，认为这两个"鄙"的意思应该是相同的。因此，他认为这里的"卑鄙"应解释为"地位低微，见识浅陋"。对学生这种敢于向权威（教材）质疑的精神，以及能言之成理的说明，我大加赞赏，并希望广大同学向他好好学习。

试想，假若学生们不善于质疑，不敢于怀疑和否定前人或权威的观点，对于他们创新能力的培养又从何谈起？再试想，如果学生思维中闪现了如此灿烂的智慧火花，教师却不敢予以肯定，或更甚者以讽言相讥，那我们所倡导的创新教育不就是一句空话？

三、教学方法的优化和更新，让语文课堂焕发出生命的创新活力

如果语文课堂只有教师的"一言堂"，缺乏广大学生的参与，这样的语文课堂必将是机械、沉闷的。这样的课堂走出的学生必将没有自主性和主观能动性，只会被动地吸收、服从。这样的结果很可能是主体意识被忽视和湮没，主动精神、创新意识被扼杀，更谈不上创造能力和创新精神的培养了。因此，充满生机和生命活力的课堂必是创造性的课堂，教师应让他们的智慧、才华有展现的舞台和空间，将创新意识和创新精神在孩子们心底扎根。

在课堂中，教师应善于更新和优化教学方法。可经常使用讨论式教学法，使课堂教学由教师与学生的双向交流，转向师与生、生与生的多向交流，这样不仅有利于发挥学生的主体作用，更能促进全员参与，培养学生们的创新思维。要使讨论式教学法达到培养创新能力的目的，老师应对教材的处理有所突破。即充分挖掘教材中的例子，并结合现实生活使他们成为培养学生创新能力的资源。有一位老师讲过这么一个例子，说的是在《鲁提辖拳打镇关西》的教学中如何让学生理解鲁达拳打镇关西的正义性。如果在今天的社会，同样有这样的黑恶势力的时候，具备惩恶扬善能力的我们，是否可以像鲁提辖那般酣畅淋漓地痛打和教训恶霸呢？广大学生在思考、争论这个问题时，必然会出现不同的观点，赞成或反对都会有，甚至还可能出现更稀奇古怪的想法。教师在学生充分讨论后，应指引学生回归到正确的认识中，即在法制社会，作为正义的人民群众，不应意气用事，应把这些黑恶分子送交司法机关，交由公正的法律去裁决。但在鲁达生活的那个社会，统治

已经十分黑暗，恶人横行，官僚和恶霸相互勾结，老百姓根本没有说话的地方。因此鲁达如此见义勇为，当然是正义的，是应该歌颂的。

引入时文进课堂法也可经常使用。结合语文学科的实际，帮助广大同学树立好"大语文"的观念，教师应引导他们在学习教材的同时，多读名著，多读有益的时文，从中吸取营养。笔者常挑选一些能对学生心灵成长有益的文章在课堂上朗读，并要求同学针对文章的内容，谈自己的体会和感受。在同学们七嘴八舌的谈论中，时有心灵火花闪现，学生有时还为各自观点而争论。这样的课堂，使得学生的身心得以释放，也助于创新精神的激发和培养。

> **双赢课堂**
>
> 创新是一个国家进步的不竭动力。教师应致力于营造自由的课堂氛围，引导学生多角度思考、全方位理解一件事情，从而培养出具有独立思考能力和创新能力的接班人。

培养语文教育意识

我国新一轮的基础教育课程改革已在全国的实验区如火如荼地推进，其根本目标就是提高未来国民的素质。语文作为最重要的交际工具和人类文化的重要组成部分，其总的课程改革目标是适合现代社会对公民提出的更高更新要求，致力于学生语文素养的形成和发展。具体目标是通过语文课程改革使学生具备良好的人文素养和科学素养，具备创新精神、合作意识和开放视野，具备包括阅读理解与表达交流在内的多方面基本能力，具备运用现代技术搜集和处理信息的能力等。

新的课程和培养目标，对广大语文教师提出了更高的要求，我们应顺应形势的发展，逐步树立起新的语文教育意识。

一、主体意识

过去的语文教育由教师主宰课堂，教师习惯于将其所知道的一切全盘灌输给学生,学生则始终处于被动的地位。这在很大程度上忽视了"学习和发展的主体是学生"这一个根本事实。

以前中国式教育过于讲究集体,忽略个性,最终压抑了学生的成长。学生习惯于被领着走进教材,走进教参,走进"标准"答案。在新的课程中,语文教师应该彻底扭转这种现状,树立以学生为主体的意识,逐渐凸现出学生的主体地位。教师要带着教材走向学生,将课堂还给学生,鼓励他们勇于质难问疑,激励他们主动进取,积极探究。语文教师在课堂中所承担的角色是学生学习的引导者、组织者,我们应努力通过课堂教会学生学习的方法,培养他们良好的学习习惯,最终培养他们良好的语文素养,使他们终身受用不尽。

在新课程中有一项是"综合性学习",其对学生的主体参与做出了更加明确的要求。它要求学生自主组织并参与文学活动,从中体验合作与成功的喜悦;学习和生活中感兴趣的问题,共同讨论后选出研究的主题,制定简单的研究计划,独立或合作完成简单的研究报告;掌握查找资料、引用资料的基本方法;对共同关心的热点问题,搜集资料,调查访问,能用文字、图画等形式展示学习的成果等。从中可见,"综合性学习"从规划者的思路已经表明,语文学习并不是语文教师一人所能主宰的,最大的主动权是学生,他们应自己去体验并尝试。

二、空间意识

传统的语文教学仅局限于狭窄的课堂,将课堂当成提高学生语文知识和能力的唯一场所,割裂了语文学习和广阔生活的联系,让学生产生了一种不正确的认识,即在课堂里就能学好语文。

然而现代社会对每一个公民都提出了新的要求，而新课程改革的目标之一是要改变过于强调学科本位，课程内部各部分之间割裂的状况。语文课程当然要从加强综合性出发，沟通与生活的联系，在语文课程中让学生学到其他方面的知识，逐步树立起在其他课程和场合都可以学到语文的观念，拓宽学语文用语文的天地。

语文教师要打破课堂的坚固壁垒，有意识地将学生的语文与其他学科的学习，与无限广阔而丰富多彩的生活充分结合起来，充分利用学校和社区教育资源，引导学生树立起"生活处处皆语文"的大语文学习观念，在广阔的生活中学好语文，用好语文，丰富自己的语文素养。

语文课堂应尽量将课内外有机地结合起来，利用课前演讲、精美诗文荐读等形式，把无限丰富的时代社会生活内容引入，以此激活课堂中师生生命的活力。

三、积累意识

语文学科的特色之处便是需要日积月累，语文学习的过程其实就是一个积累的过程，是语文素养不断提高的过程。

新课程特别重视积累，对语文学习的各个学段都提出了明确的要求。比如7—9年级要求背诵优秀诗文240篇，阅读总量要达到400万字以上，尤其提倡学生阅读整本的著作。

语文教师在教学中应努力帮助学生做好语文的积累。通过检查读书笔记、开展读书交流会、报告会等形式，促进学生自觉地进行语文的课外学习和积累。引导学生通过丰富的阅读来培养他们的语感，并潜移默化地培植他们热爱祖国语言文字的情感，越来越深刻地认识中华文化的博大精深。培养他们热爱祖国优秀传统文化的意识，提高文化的品位和审美情趣，并在不断积累中逐步形成积极的人生态度，树立正确的价值观、世界观。

除阅读上的积累，教师还应努力引导学生重视语言文字的积累、写作能力的积累、口语交际能力的积累等，并将这些积累真正落实到学生日常的学习和生活中，使之成为学生们自觉的行动和习惯。

四、创新发展意识

目前，我国学生在基础知识和基本技能方面具有一定的优势，但实践能力和创新能力比较薄弱。在新时期，新的国际竞争环境中，发展和创新才是教育的主题。

过去的教育只局限于课堂和学生的求学阶段。随着形势的发展，全球化意识和国际竞争进一步增强，关注创新，培养创新精神这一理念正引起国人的高度重视；关注发展，培养国人的终身教育观念正成大势。

语文教育培养学生的创新能力，首先要使他们确立创新意识，树立"时时处处都要想出新"的思想，不满足于"从众""趋同"之说，关注差异，追求新奇，这样才会培养出他们创新的个性。

语文教师还应努力营造有利于学生创新的氛围，使学生乐于标新立异，敢于标新立异。另外，对学生的奇思妙想，应给予鼓励，让他们敢于将自己的所思所想所做大胆地表达出来。这样有利于创新能力及创新意识的提高，由此还必将极大地激发他们的创造潜能，产生极其可观的效应。

在信息化、全球化、个性化的时代，语文教育必然要做出符合时代发展要求的变革。因此，语文教育要关注以下几个方面：一是让学生学会如何学习语文，掌握获取语文和一切新知识的能力；二是提高他们搜索、筛选、传播、交流等处理语文和一切信息的能力；三是适应快节奏社会高效快速的语文阅读与表达能力。

新课程改革的成败很大程度上取决于教师思想意识的新旧。如果有了先进的课程理念，不断完善的课程载体，以及切实可行的评价体系，然而教师不能树立新的教育意识，不能在教育教学实践中落实新课程理念，那么所有的改革都将大打折扣。

> **双赢课堂**
>
> 作为最重要的交际工具和人类文化的重要组成部分，语文的课程改革致力于培养学生语文素养，使他们具有创新精神、合作意识、表达交流能力等。为此，语文教师应具有语文教育意识，其包括主体意识、空间意识、积累意识及创新发展意识。

不考的内容就不学吗？

开学第一天，笔者照例对学生提些新学期的学习要求，随后我也学时髦，提倡起"教育民主"来。问学生："本学期我们就要参加中考，除了学完第 6 册，还要进行升学复习，时间非常紧。但是中考的考试内容除文言诗文外，现代文全是考课外文章的阅读理解。大家说，第 6 册的现代文还学不学？"学生一听如此形势，马上就有人说"不学！"接着，其他同学几乎异口同声地说"不学！"

可在这喧闹中，我告诉学生："同学们，你们希望争取多一点时间进入升学复习，希望在中考中获得更好的成绩的心情我完全理解。但不要忘了，学习不仅仅是为了考试和成绩，我们更应该通过日积月累的学习，潜移默化地提高自身的文学素养，提高我们的文化内涵，逐渐成为一代有修养、有文化、有健全人格的人。再说，这册书除了两个单元的文言文外，还各有一个诗歌、散文、小说和戏剧单元。大家想想，作为初中毕业生，有什么理由不知道诗人艾青、臧克家、贺敬之和获得诺贝尔文学奖的印度著名诗人泰戈尔？有什么理由不知道一代文学巨匠茅盾？有什么理由不知道鲁迅先生最钟爱的小说是《孔乙己》，还有俄国的短篇小说名家契诃夫和他的《变色龙》？又有什么理由不知道剧作家莎士比亚？还有被世界HR实验室评出的'中国十大最有价值导演榜'榜首的张艺谋执导的电影《一个都不能少》呢？"

激动地说完，讲台下陷入了短暂的沉默。这件事表明现在的孩子也学会功利地看待问题了，容易只看到眼前而不去计长远，大部分人只是想过好眼前的日子，其实这是极为片面而狭隘的思想。作为教育工作者的我们，该帮助他们树立起理想，鼓励他们看到人类美好的未来和希望，激励他们去追求更真、更善、更美的一切。

依我看，不考的内容不仅该学该教，还该把它学好教好。你说呢？

双赢课堂　　学习不能只为考试服务，而应该为学生一生的发展打基础。因此，培养学生良好的学习习惯，鼓励他们广泛涉猎，并抛弃学习功利性的思想至关重要。

中考前语文的复习与备考

中考是检验学生初中阶段学习的一次总的测试,其重要性不言而喻。做好考前的语文复习与备考至关重要。

首先,复习要讲求针对性。现在的中考,虽然还是分积累与运用、阅读(包括现代文与文言文阅读)、写作、附加题等四大块,但出题思路已有变化,最明显的是现代文阅读不再考课本中学过的文章,而全部出自课外。在组织学生复习时,自然就不应再在书本中的现代文中花时间,而应将重点转向"考试说明"中的各个"考点",一定要帮助学生掌握好这些知识点,并通过一些题来讲深吃透,还要提醒他们不要将各种文体的必掌握的"考点"混淆。

对文言诗文,一定要让学生在最后一个月时间再次系统地复习,并务必落到实处,争取字字、词词、句句过关。背诵要特别关注名句,会背,还要能理解。

其次，教给学生必要的答题方法。答题前，一定要告诉学生看清题目的具体要求，而不是走马观花溜一眼就答题。答题时，要将题干中有引号的句子、词语放回原文，再结合上下文寻找答案。不限文体时把作文最好写成记叙文，因为初中生议论能力还较欠缺，写出的议论文容易空洞或堆砌材料；而记叙文容易写出自己的感情和看法，从而打动阅卷老师的心。还有作文开头、结尾点题、照应法；作文要写够规定的字数，尽量多分段（而非只分三段，我们的学生不知何故，总是一写作文就分三段，一段不多一段不少）。

再有，不要背作文选上的文章；选择写作内容时尽量避开大家都可能写的材料，否则易千篇一律；作为老师，完全不必去猜押作文题，否则得不偿失。

另外，须特别提醒考生千万注意卷面。在时间允许的前提下，字尽量写到自己能写到的最工整的程度，尽量不涂改等。

> **双赢课堂**
>
> 讲效率、正心态、重积累、巧方法。做到这些，方能事半功倍。

第三章

无壁垒的学校：
管理我见

办人民满意的教育，
要有不为社会世俗所左右的教育理念。

教育的使命

这是一个躁动、功利、实用主义盛行的年代,一个真正负责任的教育人,有使命担当意识的教育人,当常思何为教育使命。

一、教育是着眼整个人类发展之业

当今年代,科技迅猛发展,网络高度发达,信息加速膨胀。教育的首要使命不应只是关注学生能得多少分,考什么样的大学,找什么样的工作。教育当引导广大青少年学子首先站在人类生存和共同发展的制高点去谋求进步与成长。如果没有了整个人类的荣辱与共,个体为了各自私利尔虞我诈,绞尽脑汁中饱私囊,其后果怕是毫无限度地开发地球,摧残人类生活的共同家园。

因此,教育第一要务应该是教会人类未来的建设者关注整个人类生存发展,从狭隘的个人私利、狭隘的民族利益中走出来,树立全球大视野，树立人类共同生存、发展的大视野，善待地球，善待地球上每一个生灵，让地球亿万斯年后仍然能为人类提供立身之地。

二、教育是民族未来发展支柱之业

虽然整个人类的进步主要由少数精英推动，但他们也只不过是整个人类金字塔上的塔尖，塔尖要高入云霄，还得靠塔基的宽大与厚实。所以，教育不可只为这"塔尖"而不顾更大的"塔基"群体。九年义务教育就是在做建宽夯实整个中华民族、整个人类塔基的事业，这个阶段绝不容许舍本求末的精英教育过早出现。否则，整个人类将付出不该有的代价。

作为教育界人士，无论是管理者还是普通一线教师，都要着眼于每一个成长中的孩子，因为他们才是社会未来的建设者，他们是平等的未来社会之主，不是天生的三六九等的社会分子。教育者不能将提倡了十几年的素质教育一脚踢开，又"死灰复燃"地钟情于简单的高分和升学，要不折不扣地执行最新一轮课程改革的教育新理念、新目标，不可"旧瓶装新酒"，抱残守缺、故步自封还沾沾自喜。

教育工作者该担当起教化万民之责，将每个人育为合格公民为己任，将职业责任置于人类、国家、民族的发展和进步大视野去实践教育，教化成长中的生命个体，而非只盯着那点分数而不能自省，领着这些未来社会的希望走进他们人生的死胡同。

三、教育是培育健康和谐人性之业

20多年前，邓小平同志就高瞻远瞩提出"教育要面向现代化、面向世界、面向未来"的口号，邓小平同志无疑是想提醒每一个教育人，当以现代化的、世界的和未来的眼光培育受教育者，让他们在教育的光辉下能从事或完成好现代化、世界性和未来社会要求的重任。

教育的目的各不相同，但有一点是共通的，就是为受教育者创造现时和未来的幸福，即孩子当下的校园生活应是幸福的，孩子未来的人生是健康而幸福的。要达此目标，不能死盯分数。分数固然可能是开启未来幸福生活的敲门砖，但作为教育者的我们也完全可以在造砖的同时思谋如何夯筑孩子人生的整座大厦。这种思谋着眼于培育一个个健康和谐与完美人性之人。要达此目标，亲近、理解、热爱、欣赏、激励学生，是不二法宝，耐心、恒心是成功之桥，期待、赞赏是有效航标。

> **双赢课堂**
>
> 教育是一个国家向前发展的基石，他应该为受教育者创造现时和未来的幸福，帮助孩子健康成长。

教育质量提升的突破口

李克强总理在 2015 年全国人大政协两会所作的政府工作报告中指出,将"提升教育质量"作为教育的核心任务之一。然而,面对众说纷纭的提升教育质量话题,教育人应思考能做什么、该做什么以及如何选择有效的突破口。

一、正确的质量观是重要前提

由于教育内外部多方面的原因,单纯以学业考试成绩和升学率评价中小学教育质量的倾向仍"蔚为风气",并未得到根本扭转,突出表现在评价内容上重考试分数忽视学生综合素质和个性发展,评价方式上重最终结果忽视学校进步和努力程度,评价结果使用上重甄别证明忽视诊断和改进。这些流行于当下教育生态的急功近利现象,已严重影响了学生的全面发展、健康成长,制约了学生社会责任感、创新精神和实践能力的培养。

基于此，推进教育质量综合评价改革，成为了全面实施素质教育、落实立德树人根本任务的关键举措，这也是有效引导包括教育界自身的社会各界和广大家长树立科学、全面、绿色的教育质量观的必然要求。科学、全面、绿色的教育质量观，其内涵为要全面落实立德树人根本任务，遵循学生身心发展规律和教育教学规律，从而促进学生全面发展、健康成长。根据《教育部关于推进中小学教育质量综合评价改革的意见》要求，要将学生的品德发展水平、学业发展水平、身心发展水平、兴趣特长养成、学业负担状况等作为评价学校教育质量的主要内容，构建科学、全面、绿色的教育质量评价体系，以促进教育质量的全面提升。

二、正确的课堂观是关键根基

教师是教育质量提升的关键要素，而课堂是实现教育质量提升的关键场所。有些学校和教师往往以教育硬件的薄弱或年纪长为借口，因循守旧不愿进行教育教学的变革。殊不知，硬件再差的学校，年纪再大的教师，都有改变的可能，而最有效的变革路径之一便是课堂变革（尤其是课堂的教育教学方式的变革）。

当然，当今所言的课堂是新视野下的课堂，即需建立全面的课堂观，其中最主要的仍是课内学习的小课堂，还有课外学习与实践的中课堂，和校外学习与实践的大课堂。无论是何种课堂，都必须服务于促进学生全面发展、健康成长之根本目的。还需立足于每一种课堂，向课堂要质量，通过建立基于学科课程标准的课堂评价体系（如明确具体的课堂学习目标、有针对性的教学组织方式、真实适时的课堂反馈与指导等）来推动每一个课堂都提高效率。而达成有效率的课堂，着力点必须需要依赖每一位教师。我们的每一位教师需要在新的时代发展要求下，做好职业规划，与时俱进地树立终身学习思想，及时更新教育观念，形成教学思想，让学习和反思成为职业生活习惯，以最终锻铸专业尊严，成就专业人生。

三、正确的家庭教育是有效保障

教育的主要力量是学校和教师，然而当下多元时代，社会教育和家庭教育同样是教育质量提升不可偏废与忽视的因素。学校要充分发挥社会文化和社会教育的核心乃至主导力量的作用，通过切实有效的措施，来提高所服务区域内社区群众的家庭教育水平，从而使家庭教育真正成为学校教育的有力补充，成为全面教育质量提升的有力保障，以形成教育的合力，为培养全面发展、健康成长的新一代服务。

我特别赞成这一段话："家长的素质，一定程度上决定了下一代的素质。我们虽然改变不了家长的素质，但可以改变其教育见识，让那些天天想打麻将的爸爸妈妈，在孩子在家的时候不打麻将；让那些只懂得暴力教育的家长，看到和风细雨的魅力；让那些整天忙于工作的父母，懂得陪伴和对话；让那些想离婚的父母，坚持到孩子成年以后。"

一谈到教育，社会中的每个成员都滔滔不绝，其实那顶多算是"吐槽"。什么是真正的教育？什么是真正的家庭教育？未必有多少家长能说出其中的道道和规律。全社会都需要在当今的时代背景下，好好地补一补家庭教育的课。

双赢课堂

　　提升教育质量,应从根本上解决教育的困境,树立正确的教育理念,扎实打好教育的根基,培养优秀的下一代。

文化是学校发展之魂

人一生要进很多学校学习，在这众多的学校中，留给我们深刻印象的屈指可数。究其因，是众多学校未在文化建设上下工夫，年深月久，泯然乎众校矣。

一、学校文化是什么

任何一所学校，都应该有自己独特的文化。这种文化，是每一位在该校学习过、工作过的学生和教职工所认同的，也是镌刻在师生们心底且终生难忘的。通俗而言，学校文化其实就是每一位师生不自觉展现出来的一言一行（气质），是他们的校园生活方式。这种气息、气质和方式是他们共同的文化烙印。

二、确立清晰的学校文化目标

一所学校应向着文化而生存,因为文化是学校之魂。作为学校的掌舵人,每一位校长需要确立清晰的学校文化目标,并朝着目标进行切实的实践推进。虽说"铁打的学校流水的师生",然而流水有痕,滋润学校的一草一木。学校文化目标必须清晰、具体,总目标和每一个子目标必须有缜密而深刻的解读,而且学校文化目标必须为每一位师生所熟知,并践行于学校生活的一言一行。

三、学校文化的要件

学校文化由多个要件组成。主要有三类,一是物质文化,具有浅表性,是可视的,如学校的校徽、校旗以及文化园等,还有点缀在校园里的师生作品等。校旗、校徽设计需展示学校文化的丰富内涵,每一个符号都必须有明确的文化解读。校歌之于学校文化,必不可少,一所学校的学生散落于天南海北,最迅捷的凝聚途径是校歌。第二类是制度文化、课程文化。制度是师生们共同参与制订的,得到认同、愿意自觉遵守的规范,这是学校文化价值观的基础,正所谓"没有规矩不成方圆"。但这些规矩一定是把师生放在制度之中,通过制度来帮助和更好促进师生成长发展的。课程文化是围绕学校文化主题和文化建设总目标,不断打造的具有本校特色的课程体系,以及在课程建设实践中逐渐隐性呈现的文化印记,这是学校文化建设的重要载体之一。第三类是行为文化、思想文化等。这是学校文化的核心,有清晰的表述性内容,如校训、校风、学风、教风等,且有丰富内涵及阐述,更有渗透于师生血液中共同的文化符号与印迹,被师生广泛认同。

四、学校文化的建设路径

学校文化不是一成不变、僵化死板的,她一定是富含生命气息、不断丰富发展的。时代必然会丰厚其内涵,拒绝时代的学校文化必然走向衰亡。每一位在学校里学习、工作的师生都是该校文化的受益人和责任人。既然如此,我们都有责任去思考:作为教师,我对我的学校文化建设可以有什么贡献,我如何去学习优秀的学校文化内核,又如何将学校文化的内涵,通过学生乐于接受的途径和方式变成行为的自觉,且成为学校文化的维护者、传播者。

拥有令师生引以为豪的、独特的学校文化,是所有学校的价值追求,也是学校品质提升的终极目标之一。学校文化建设任重道远,只要抱定目标,不懈进取,即便"虽不能至,心向往之",也可以在共同的追求中慢慢靠近,这不正是教育者孜孜以求的幸福吗?

> **双赢课堂** 学校文化体现了一个学校内在的精魂,构筑学校文化应从物质文化、制度文化及思想文化三方面入手。

教育的幸福就是希望

近日读到学者何兆武的一句话，说的是"幸福的条件有两个，一个是你必须觉得个人前途是光明的、美好的，可是这又非常模糊，非常朦胧，并不一定是什么明确的目标。另一方面，整个社会的前景，也必须是一天比一天更加美好，否则个人是不可能真正幸福的。"

由此联想到教育和教育者、受教育者的幸福话题。教育应还原为其作为未来事业的本性，是可以也是应该大谈理想与希望的事业，是教育者可以长袖善舞牵引孩子们走在理想和希望之路的事业，是学子们应该沉醉于成长的悠然自得和自我价值、社会意识觉醒的精神之旅。简言之，教育本该是饱含希望的美好而神圣的生活世界。

而如今，教育、教育者、受教育者都游离于幸福和希望的精神花园之外，社会转型期必然呈现的物质欲、功利观、浮躁气，也浸漫于本该圣洁的校园。今天的教育，是 GDP 教育，是分数至上的教育，是小沈阳"穿跑偏了"的苏格兰裙。在这样的大背景下,教育者不敢在自己的一亩三分地引领孩子们追逐理想。在就业的严峻形势下,家长对学校教育推波助澜,最苦的是本该拥有幸福和无忧童年、少年时光的孩子们,他们每天想得最多的便是分数,脆弱的心灵也压力四伏,乃至常有"惊人之语"甚至"惊人之举"。

其实,能上所谓的重点中学、重点大学固然很好,可是只有"津津乐道、孜孜以求"追逐高分、避谈真正的理想和希望的教育生活是成年之后不堪回首的岁月。

还是给教育一些从容吧,毕竟教育还是社会、民族、国家的希望之业。对教育的重视,只要让教育者感受到社会的真正尊重,并提供最佳的教育硬环境保障现代教育所需即可。在怎么办教育方面,还是让真正懂教育的人去做。把教育办得不媚俗、充满希望,才是真正对教育负责,对社会负责,对民族国家的未来负责。

双赢课堂

学校建设应该本着能者为师的理念,开阔视野博采众长,不断吸纳各地区域教育发展的成果,逐步完善自身的不足。

四个抓手推进区域特色学校建设的实践探索

区域教育走向内涵发展、品牌发展之路，重要路径和关键切入点是建设特色学校，即让每所学校都展示自己的文化个性，最终达到文化育人的目标。

南朗镇作为中国历史文化名镇，然而，理性分析当前的南朗教育现状，迫切需要结合《国家中长期教育改革和发展规划纲要》以下简称《纲要》等战略要求，提升南朗教育的内涵发展水平，以期达致区域教育优质发展、品牌发展。为此，2011年起南朗镇就通过广泛调研及理论研讨，认定特色学校建设是实现本区域学校自身寻求最优化生存，实现文化育人的必然选择。在此指导思想下，我们立足于四个抓手，经过三年多的实践探索，已显现出本区域特色学校建设的初步成效。现将我们的实践做法梳理于下，就教于大方之家。

一、优秀的教育质量是特色学校建设的重要基础

质量是特色学校的生命。《纲要》要求"把提高质量作为教育改革发展的核心任务。树立科学的质量观,把促进人的全面发展、适应社会需要作为衡量教育质量的根本标准。树立以提高质量为核心的教育发展观,注重教育内涵发展,鼓励学校办出特色、办出水平,出名师,育英才。建立以提高教育质量为导向的管理制度和工作机制,把教育资源配置和学校工作重点集中到强化教学环节、提高教育质量上来。制定教育质量国家标准,建立健全教育质量保障体系。"而特色学校建设是一项具有长期性的系统工程,其最终目标是建设富有个性特色的学校文化和品牌。

南朗镇重视推进特色学校建设中的优秀教育教学质量的打造和夯实。建立并不断完善各学段教育教学质量综合评价制度,中等职业学校和初中学校借鉴中山市现行的质量评价体系,既重视终结性评价,也不忽略过程性监控和评价。小学阶段的教育教学质量评价,则参照市教研室和东区教办共同开发的质量综合评价监控体系,结合本镇实际,制订了《南朗镇小学教育教学质量综合评价制度》,打破过去只评价语文、数学、英语等统考学科以及只评价平均分单一指标的一考定评价的做法,扩充到对学校教育教学管理的过程管理、教师教研水平和学生特长发展水平的评价、除语数英外还进行音乐美术体育信息技术科学书写(书法)等学科考查的全面评价。对各阶段学校的质量综合评价,也改变过去排出先后名次的做法,转变为只要达到既定的各等级标准便可无名额限制全可获一等奖;且利用好每年镇政府奖教奖学大会平台,大力表彰和宣传教育教学质量先进学校。2011年全面

的质量综合评价制度实施以来，依靠制度的不断完善和各校目标明确的共同努力。2013年全镇各阶段学校均达到教学质量齐头并进，云衢中学达到市初中教学质量评价一等奖标准，五所公办小学全部达到镇质量评价一等奖，唯一一所民办学校教学质量也取得明显进步，学前教育上市等级园的比例达50%，初步实现区域教育优质均衡的目标。今后，还将在已有成绩基础上，逐步提高质量标准，继续通过质量评价制度的杠杆作用，来引导各阶段学校在管理中聚焦教育质量的提升，从而不断提高本区域各阶段教育的质量，以夯实特色学校建设的基石，为区域教育优质发展、品牌发展奠定坚实基础。

二、专业有特色的教师是特色学校建设的重要力量

有好的教师，才有好的教育。《纲要》要求"加强教师队伍建设，提高教师整体素质……严格教师资质，提升教师素质，努力造就一支师德高尚、业务精湛、结构合理、充满活力的高素质专业化教师队伍"。"提高教师业务水平。完善培养培训体系，做好培养培训规划，优化队伍结构，提高教师专业水平和教学能力。通过研修培训、学术交流、项目资助等方式，培养教育教学骨干、'双师型'教师、学术带头人和校长，造就一批教学名师和学科领军人才。"《教育十二五规划》要求"完善教师管理制度，建立中国特色教师教育体系，提高师德水平和教师专业能力，显著提高农村教师整体素质。"可见，没有一支优秀的、有特色的专业教师队伍，教育质量的提升，特色学校的建设和教育品牌的打造都将成为一句空话。基于此，南朗镇多年来一直高度重视教师队伍的建设，并主要通过制度化的平台来引导学校管理者

和广大教师聚焦工作重点，培养专业水平不断提高且渐具特色的教师队伍，这些平台有教师教学综合技能竞赛和课堂教学大赛，镇名教师、学科带头人、教坛新秀、教研优秀教师、学科优秀导师等荣誉的评比，以及实现全覆盖的镇本培训（如镇的培训讲师活动）和校本培训等。

例如教师教学综合技能竞赛，目的在通过比赛引导各校管理者和全体教师集中精力提高好专业能力和水平，不丢弃为师者最基础的立身之本。该竞赛按年龄分段或按学科为单位，要求该年龄段或该学科的所有教师均需参加竞赛，校长、主任等行政只要在该年龄段或任教学科的也不可例外，以起好带头作用。综合技能竞赛项目有课堂教学随堂评价、粉笔字钢笔字书写、现场论文写作、新修订版学科课程标准基本观点的测试等，年轻教师的竞赛还设有才艺展示项目。课堂教学大赛，则两年一次，采取严谨、公开的组织方式，只提前两天公布比赛课题、抽签而非指定承办某一学科的现场学校、抽签定出配合学科竞赛的班级（主场教师回避自己任教班级）、评委外聘为主且同一学段实行评委回避制（指本镇高中、初中、小学教师不得担任同一学段的评委）等措施。幼儿教师的综合技能竞赛也形成了制度化，只是竞赛的项目有别于中小学。南朗镇每学期都组织教师的专业竞赛，且形成了制度化，此举有力地推进着全镇教师自觉加强专业发展与提升，为各校建设一支专业水平高、专业综合能力强的教师队伍找到了有效路径，更为深入推进特色学校建设积聚了智力支撑。制度化的教师专业技能竞赛让管理者和教师将专业发展的立足点聚焦于课堂教学，通过钻研学科课程标准、研究学生、研究教材、研究教法、研究学法指导等来切实提高教育教学质量，也使得教育质量的提升及特色学校建设找准了课堂这个根本的承载体。

又如市、镇各类荣誉评选，改变只分配评选指标和模糊评选条件的做法，将专业发展成果纳为评选的重要指标，从而将广大教育管理者和教师导向不断追求专业发展和内涵建设轨道。此外，我们还鼓励广大教师通过实践探索，以形成自身的教学个性和特色，敢于展示自己的教育思想和才华，展示实践智慧和理论学习相结合的研究成果，镇级培训讲师制度的初步建立就是这样一个平台。只要对教育管理或学科教研的某一方面有深入研究的教育行政人员或一线教师，都可以申报镇级的培训讲师，带上自己的研究心得，在全镇教师或该学科教师等一定范围内阐释自己的专业发展成果。

制度化地打造专业有特色的教师队伍，为特色学校的建设不断集聚有生力量，也使得推进此项工作变得水到渠成。

三、特色项目和特色课程是特色学校建设的重要载体

特色学校建设还需确立其载体，立足课堂教学和课外活动而打造的特色项目与特色校本课程是特色学校建设的重要载体。众所周知，特色项目—学校特色—特色学校—品牌学校是学校内涵发展的基本路径，但这四个阶段并非只能是依序推进，它们是可以相融推进的。特色项目一定要选准，并要善于从中提炼升华出特色学校建设的主题，从而打造富有个性特质的学校文化。特色项目建设还须具有全员性，即惠及每一位学生。

为此，南朗镇结合艺术体育"2+1"工程，大力推进艺术体育特色项目建设，要求各中小学结合特色学校建设的主题、学校所处的地域

资源和文体艺术积淀的优势、师资、学生兴趣等校情，集思广益确定好学校的艺术体育特色项目。各校充分挖掘内外资源，充分发动师生智慧，充分借鉴兄弟镇区学校经验等，确定了自身的特色项目。南朗理工学校的民族打击乐、龙狮表演、国际跳棋，云衢中学的健美操、合唱与剪纸，云衢小学的篮球操、田径、双扇舞和线描，翠亨小学的抖空竹、红绸舞、童话·童画和小导游，南朗小学的独轮车、跳水、健身舞和漫画，榄边小学的武术、民族器乐和竹艺，横门小学的跳绳、乒乓球和高棠歌，南朗旗风学校的妙韵竖笛和创意折纸。各校在特色项目建设过程中，能在"三结合"（课内与课外相结合、全面普及提高和特长培养相结合、组织竞赛和日常活动相结合）原则指导下，统筹兼顾，将艺术体育特色项目建设有效融合于学校整体发展的管理中去。同时，还引导各中小学要善于从实践中总结经验，尤其学会从实践中提炼出体育和艺术教育的文化特色，充实特色学校的文化内涵，且自觉融入特色学校的建设主题之中。为全面推动各中小学积极有效建设艺术、体育特色项目工作，南朗镇还组织每年一次的中小学艺术、体育特色项目展评，邀请市内专家进行评比，对特色项目建设工作突出的学校予以奖励和授牌。

  特色学校建设过程中，课程是重要的载体。课程化是需要课时、师资、机制等方面作保证的，否则特色学校建设就只能变成空谈。为此，南朗镇通过特色校本教材和特色校本课程的推动，以引导各中小学完善校本课程的开发意识，把特色项目融合于学校的课程规划中，成为学校的特色课程。已举行三期全镇中小幼特色校本教材的评选，组织了市级校本特色课程推选工作，其中南朗小学的《爱我南朗》和翠亨小学的《小导游》分获市首批特色校本课程评选的入选奖与提名奖。

其余各校也在特色课程建设上成绩不断显现，如南朗理工学校的《全民素质教育》、云衢小学的社团文化建设和小学体育课程体系、横门小学的高棠歌等。

四、学校特色文化是特色学校建设的最终目标

全国特色学校建设专家、重庆市评估院院长龚春燕教授认为，"建设特色学校的本质是培植学校文化"。他认为特色学校的内涵有五个方面的内容，分别是规定的质量标准、丰富的文化底蕴、社会的口碑影响、丰厚的无形资产、特殊的识别符号。建设特色学校的最终目标，必然是建设富有特色的学校文化，达到文化育人的终极目的。特色学校是实现整体化、整体风貌、育人效益显著的学校。

学校特色文化的重要体现是"一训三风一理念"的提炼。其中校训是"文化立校的关键"，是校园文化的精髓，体现着学校特有的校园文化，反映了学校办学的宗旨和核心价值观，有着深刻的校园文化烙印，是学校形象的最好代言，是全体师生员工的共同价值观。校风、教风、学风是师生长期工作、学习形成团队的稳定思想作风，是学校实然之风。办学理念是学校办学的追求目标即办学宗旨。这些关键的学校文化符号的提炼是特色学校建设的重要内容，而更重要的是需要以这些文化元素引领全体的师生，在行动上自觉地体现这些学校文化的真正内涵。为此，南朗镇通过引导各校规划特色学校建设方案、举行特色学校建设主题征文、举办特色学校主题论坛、开展特色学校建设阶段工作汇报交流等多种形式，引领广大的学校管理者和全体教师、学生自觉融入到特色学校的建设中，形成打造特色学校文化共同的参

与者。如今，各校的特色文化主题已上轨道，渐入佳境。南朗理工学校着力打造"技艺育人"文化，云衢中学、云衢小学、南朗旗风学校各自高扬"爱的教育""自主教育""感恩教育"文化旗帜，翠亨小学力推"理想教育"之帆，南朗小学、榄边小学、横门小学分别推进"美育化人""竹文化"和"以歌育德"特色文化建设。同时，充分引导学校管理者和教师不断达成共识，学会用整体系统思维来管理学校与看待教育，不断深入思考学校的特色建设主题，把特色学校的文化建设作为一项长期性工作，不断挖掘学校发展历史的同时，从具体的实践推动中不断充实和完善学校文化的内涵，积极构建学校的文化基本元素和文化符号，尤其在"一训三风一理念"等核心概念上不断提炼和完善，最终达成通过特色学校建设来文化育人的目标。

在以四个抓手推动区域教育特色学校建设进程中，南朗教育人破除狭隘的视域观，本着能者为师的理念，开阔视野博采众长，不断吸纳各地区域教育发展的成果，结合本镇实际为我所用。当前，体育、艺术特色项目建设生机勃勃，如火如荼，教育质量提升你追我赶、互通有无、并驾齐驱；学校特色文化建设方兴未艾、欣欣向荣、逐步完善；广大学子充满活力、乐学上进、快乐健康；教师面貌积极向上、勇于进取、进步明显，全面呈现出南朗教育人敢于担当，敢于迎接新困难挑战的勇气和责任使命感。2013年南朗镇获中山市推进素质教育督导评估先进镇区、中山市初中教学质量综合评价镇区一等奖、中山市学前教育先进镇区、"中山市基础教育精品课程建设先进奖"、2013年度市教育网络信息通讯工作先进单位等荣誉。南朗教育在市内外的影响力也水涨船高，有此良好势头、"创强争先建高地"的南朗教育势必迈向区域教育现代化的更高水平。

> **双赢课堂**
>
> 学校建设应该本着能者为师的理念,开阔视野,博采众长,不断吸纳各地区域教育发展的成果,逐步完善自身的不足。

学校管理倡导"浅竞争,深合作"

这个世界竞争无处不在,教育领域也难以免俗。积极的竞争推动着学生的发展、教师的发展、学校的发展,然而过于"饱满"的竞争却会阻碍教育的发展,教育管理需要倡导"浅竞争,深合作"。

一、竞争要有度

管理是生产力。一个学校的管理文化很大程度上影响着学校的发展、教师的发展,最终会影响学生的身心健康成长和综合素质的提高。对学校管理而言,在师生中培养竞争意识是必需的,因为竞争已成为这个时代的生活方式,不竞争就会落后。然而,凡事必有度。若学校内部管理方方面面都倡导竞争,其实是管理的懒政。如果一个学校尚处于发展的新生阶段或薄弱阶段,大力提倡竞争文化,则易于提升广大教师的士气,激发其内在潜能,从而形成一种积极向上的良性发展氛围，更好推动学校发展、教师专业发展和学生健康成长。但一个学校发展到相对稳定阶段时，管理者就需要更多地将管理的重点放在建设自身特色优质文化上，为建设富有本校特色的、注重合作共享的、充满创造活力兼具灵动性的学校文化目标而努力。

二、过度竞争成发展阻碍

一个学校若始终将竞争文化置于管理的首位，长此以往会形成一种狭隘的功利教育观，一种锦标主义教育思维，从而阻碍教师的身心健康和专业发展。竞争文化必将使教师陷入一种缺乏全局性、先导性的专业发展轨道，导致他们将工作聚焦于大大小小的评比、检查、测试中。此外，只要有评比，就势必只有少数甚至一个胜利者，对一批本应共同进步的同事造成打击，同事间也必将被胜负欲左右，不愿分享自身好的做法。教师队伍的能力、素质参差不齐，相对较弱者因总处于落后状态而倍感打击，势必造成其较大的心理压力。若关注不到位，疏导不足，这些教师将在心理上出现无助、自卑、自闭等问题。长此以往，伤害的不仅是教师自身，更是这些教师所教的学生，他们的发展受到无辜的牵连和耽误，贻害或是终生的。所以，学校在管理中，尤其在制度和文化建设上，都需弱化个人竞争，强化团队的合作共享。

三、建设合作共享的学校文化是方向

现在是倡导合作共赢的时代，单打独斗、各自为战已不适合新常态教育发展需要。学校管理需处理好合作共享与个性特色的关系。强调合作共享文化，不排除个性特色的施展。要建立起真正的合作共享文化，就不宜将管理模式固化，需要为教师们留有自由思考、独立创造的时空，让老师们既能乐于在团队中进行思维的碰撞、智慧的分享，又能保障教师个性化的做法得到尊重。学校管理文化适宜的发展路子是"浅竞争、深合作"。"浅竞争"表明学校还是需要有竞争的氛围，但若任何一个管理环节都实行竞争，则导致人压抑而缺乏发展自由，不利于教师之间互相学习、集思广益。"深合作"，指的是倡导建立帮助学生、教师、学校长远与可持续发展的文化，这种文化让教师不再努力进行狭隘比拼，而着重在集体中勇于展现自己的智慧，乐于把自己的创见性做法与同事分享，也从团体的智慧和思想中得到触动与启迪。这样的文化氛围熏陶下的教师，更可形成一种大气、从容、积极、乐见共同发展的文化气质，最终得益的将是一代又一代身心健康的学子。

双赢课堂　　物竞天择，适者生存。学校应鼓励同学间和老师间进行良性竞争，并致力于建设合作共赢的教育机制。

"走班制",会成为中山教育新的增长点吗?

走班制正在成为当今学校教育一种新的教学组织模式。

一、尊重、选择,走班制的要义

走班制的实质是基于面向学生因材施教分层教学的实践探索,是真正落实以学生为主体的素质教育的可行性举措,其本质是充分尊重学生个性和个体的学习需求,给了学生在原有基础上得以自主发展、有效发展的选择权。

所谓"走班制"是指学科教室和教师固定,学生根据自己的学历和兴趣愿望选择自身发展的层次班级上课,一般分为高级、标准、基础三个不同层次,学生可以根据自己的能力、方向自由选择相应的班级;其教学内容和程度要求不同,作业和考试的难度也不同。相应地,每一个层次的学科课时安排、教学任务要求也宜有针对性。高级层次按照规定的课时执行，在完成教学内容之外，可以进行深度的挖掘、广度的拓展。标准层次的则守住规范要求。基础层次的，在可能的情况下适当增加课时，以便有较充分的时间掌握新知，教学实践中也宜适当降低要求，立足于最基础的知识、技能的学习和训练。

"走班"模式必然会对学校原有的教学管理、班级管理与学生管理形成新的挑战。对于学校来说，走班制增强了学校课程的丰富性，对学校的课程建设能力是一个新的考验。所以构建一个更具灵活性、多样性和可选择性的课程体系，是满足个性化发展需要、实施"走班制"的前提和关键。而完善与走班教学相配套的管理制度，进一步规范学生和教师的行为，也显得更为迫切。走班制对老师也提出了更高的要求和新的挑战，按部就班照着教材上课的旧方式需要置换，要求增强开发课程的能力。一个教师还往往可能在不同层次的走班上课，就需要对教学目标、教学方式、教学内容、教学进度等方面进行全面把握。教师的任务和工作量增加了，教师的职能范围也发生了变化，这也意味着教师的评价方式也要改变。

"走班制"客观上要求班级管理工作更加细化和深化，因此选配热爱学生工作、具有高度责任感、业务能力强和良好的思想素质的教师担任教学班辅导员，对教学班的学生进行课堂和课后管理，了解学生的学习状态，对个别学习有困难的学生进行课外辅导，对学生在各教学班中的流动进行指导，并和行政班的班主任及时交流学生的情况。这是优化班级管理工作的前提，也是推进"走班制"的保障。

此外，还必须考虑到学生可塑性强的特点，分层教学应该是相对动态的，一个学期可以进行至少一次的层次间的重新调整。考虑到走班制实行的系统化、复杂性等因素，具体实践中相对合理的方式是实行部分学科走班,走班和原有的行政班并存,积极而稳妥进行学校教学模式改革的思路。

二、走着看,而非等着瞧

任何一个方案,在实际操作中,都不可能一开始就能够完美,即便在某些学校已推进得相对成功,也不能表明用之于其他学校时,一定是可行且完善的,因为每一所学校的生情、师情都不一样。推进时,学校需要规划好一个全面的、系统化推进方案,思考:是全校性推进,还是分年级试点;是全科性推进,还是分学科试点;如何评价教师的工作业绩,如何评价学生的学业水平等。如何评价学生的学业进步不难;如何评价教师的教学业绩、工作绩效,则需要达成共识,借助教代会(规模较大以上学校)或全体教师大会(规模小的学校)建立和完善评价方案,以发挥评价的促进、导向功能,从而推动学校教育教学质量的提高。

走班制对学生学习成绩的提高是可以预见的,但教育不能只关注学业成绩一个方面,还必须把对学生的道德、纪律等育人的诸种因素统筹考虑。学生在走班制教学模式中,必然对传统的行政班原有的教育模式产生影响,有明显弱化的可能性。学生学科学习是在一个相对不固定的班级结构中进行的,或许每一个学科的同学都不一样,如何加强学生的思想、道德、纪律、团队精神等教育,确实需要建立一套行之有效的工作方案。否则只重视了知识和技能的"教"与"学",却忽视、淡化了"育"的功能,学校教育的作用必然削弱,从长期看,是不利的。

因此走班制教学模式的运行，对学校而言必将是一个系统工程，需要全方位思考，权衡利弊，尽可能地将该模式的效益最大化，又综合考虑好可能出现的问题及应对的措施。

无论如何，从中山市教育发展的趋势看，走班制不仅适用于适应新高考改革的普通高中学校，同样适合于初中学校，乃至小学高年级。其实，中山市已有了吃螃蟹者，南朗镇的云衢中学就是一所敢于尝试的镇区初中学校，他们在初一初二年级就在数学、英语学科进行走班制教学试点，一个学期下来，效果初显。

走着看，而非等着瞧。可以相信，走班制，势必成为中山教育新的增长点。

双赢课堂　教育的形式不应一成不变，走班制带给学生自由选择的权利，也可从侧面提高他们的学习积极性。

学校"重点班"当休矣

笔者以为,义务教育阶段学校的"重点班",于法于情于理都不该存在。

一、于法不当有

2006年6月29日第十届全国人大常委会第22次会议修订的《中华人民共和国义务教育法》第二章第22条明确规定:"县级以上人民政府及其教育行政部门应当促进学校均衡发展,缩小学校之间办学条件的差距,不得将学校分为重点学校和非重点学校。学校不得分设重点班和非重点班。"对违反本规定者,第七章第57条还有相应的法律责任约束。

另外,2007年7月27日广东省教育厅颁发了《关于印发〈广东省义务教育阶段学生编班管理暂行办法〉的通知》(粤教基[2007]63号)

第3条也明确规定："义务教育阶段各年级学生（包括新生）实行常态编班。学校要严格按照县级教育行政部门核定的班额，按照男女生比例相对均衡原则和随机原则将男、女学生分配各班。学校不得设重点班，不得擅自举办实验班，不得将推荐生单独编班，不得按学生的学业成绩进行分班……"

国有国法，省有省规，然而有些教育管理者却视而不见，用手中的权力搞起了不利国不利民（指全体百姓），只主观利私客观利少数学生的"独立王国"，真是匪夷所思。

二、于情不当有

分"重点班"明显是牺牲多数而为少数，让少数学生过度享受本该由全体学生共同享受的教育资源，只会让他们觉得自己高人一等，有先天优势。然现实社会是不可能有那么多外力优势的，这些孩子也许走上社会后会跌得很痛。那些从几岁或十几岁就被打入"非重点班"泥沼的孩童，其幼小的心灵长期承受低人一等的"待遇"，日后遭遇种种人生的挫折，他能以一种感恩、健全的心态回报社会吗？可以想见，从小被冷落的这一大群，必然是今后不断开明社会的严重隐患，因为他们无法"知恩图报"，怕是只会以恶报恶。

三、于理不当有

中国发展到今天，政治上不断走向开明、公正，"让改革开放的成果惠及所有人民"是党和政府的庄严承诺，中国正在从"普九"的均衡教育转向公平教育，而公平教育的重要理念便是追求机会公平、过程公平和结果公平，办"重点班"与教育新方向背道而驰。

热衷于在义务教育阶段办"重点班"的人，无非是受到褊狭政绩观的影响。因为"重点班"一年半载就可"立竿见影"，升高一级（小学升初中、初中升高中）重点学校人数可迅速翻番。一所学校，首先难以确保每个教师都是优秀的，而"重点班"必然要配备相对优秀的教师，那其他班级学生便难以享受同样的权利。其次，即使每一位教师都是优秀的，然因主观原因分出的"重点班"与非重点班，学生在心理上会有落差，他们只会不断地否定自己。再次，分"重点班"还易滋生校园腐败，因为重点班的学生难保都经公开选拔，往往是一个电话"照顾"而不得不屈从听命。

义务教育阶段办"重点班"当休矣。

> **双赢课堂**
>
> "重点班"的出现，打破了中国政府一直提倡的公平教育的口号，无形地将学生分为了三六九等，从情、理、法三方面都该废除。

别把小学建成"碉堡"

大家都知道,越靠前的教育阶段对一个人一生的影响越重要,如家庭、幼儿园和小学。本文所说的"不能把小学建成'碉堡'",当然不是指学校的建筑风格,而是指不能将小学教育办成"碉堡"式教育。

今天很少能见到战争年代的碉堡了,开平的碉楼也因稀有而成了世界级物质文化遗产。碉堡和碉楼让人感觉很坚固,可从地面往上多看几眼,便会顿生恐惧。因为占地少,高耸得让人害怕,真担心它什么时候会突然砸下来。

那小学和碉堡又有什么关系?笔者以为,如果小学教育工作者在教育中只重视孩子们语文、数学、英语几科的学习,而不将孩子们一生的发展基础打好,与建碉堡又有何区别?

小学应该教孩子什么?语文、数学、英语这三科最基础的学科知识当然要扎实。然而其他学科包括已实施多年的新课程中的思品、音乐、美术、体育、信息技术、科学、书法综合实践活动等的基础同样要打扎实,应该让孩子学习所有课程,不可偏废。不可以"让学生以后更有学习竞争力"为借口,将语数英之外的学科像"太公分猪肉"一样"搭"给老师,老师们更不能私自做主将语数英之外的课程挪用。否则教育就只是在建无益于国家民族、无益于孩子一生可持续发展的"碉堡"。

小学教育当自觉担负起为全体孩子终身发展奠基的责任,除不折不扣地上好课程规定的课程外,还要立足于多角度培养孩子,包括品德、学习、生活习惯的培养,目标理想责任感教育,传统美德教育,现代人素质培养,探究创新意识及思维的培养等。只有把孩子人生大厦的基石铸造得宽阔,他们才有可能将大厦建成花园、城池。

> **双赢课堂**
>
> 小学教育不应以分数为主,应该注重学生均衡发展,从多角度培养,帮助他们树立正确的人生观、价值观。

别做无能校长

现在的校长很难当,责任大、压力大,需要不断思考学校如何进步、教师如何发展、学生如何成长的问题。可有些校长做得很"潇洒",或许是经验丰富,能力超强。细究之后,便可发现其"潇洒"从何而来。

前几天和一位博士聊天,这位仁兄正准备做学位论文,为做好论文需要收集第一手资料,他在一些学校做调研。闲聊中他也认为现在的校长不容易,肩上的担子很重,最大的责任是"发展",发展学校,发展教师,发展每一个学生。

博士的校长发展观让笔者马上联想到几位熟悉的校长,他们中有的当得很潇洒,因善于迎合老师的"第一需要"(如待遇收入等),或将学校多年积累的富余经费分光派光,或利用自己八面玲珑(此处绝非贬义)的人际能力加上校长的权力四处"化缘",最不济的也利用自己的"见多识广"公然教老师们几招生财之道。当然,为老师谋求经济上的高收入无可厚非,然而,这些校长却恰恰忘了其职务本身的最大责任即带领所在的学校去发展,引领所管辖下的师生去发展。

在他们这样唯经济第一的管理氛围中,老师们也必然"唯命是从",又有多少心思来对待职业赋予的责任使命,心浮气躁中又谈何发展?也许学校可以暂时止步不前,老师也在荒废几年后再奋而进取,但其最大的失职是对那些成长中的孩子。他们将生命中最光彩灿烂的年华交付,我们因为短视、漠然、自私而贻害他们一生(甚或几代人)。此当为人师者所不齿。

作为一校之长,还是要时时刻刻将学校、教师、学生的发展之责扛在肩上,目光着实不可不远,思考着实不可不深,步履着实不可不实。既为校长,能做的只是在引导教师们共同推动学校、学生、自身发展的第一要务之余,为辛勤敬业的老师提高一些物质生活的质量,此方为好校长。

> **双赢课堂**
>
> 一校之长的责任大于天,应将发展学校特色教育、提高教师教学能力、创造良好学习氛围作为学校发展的重中之重。

不妨开设"未来家长课"

前几天，在一所职中听了几堂课，感触颇深。因为中山市普通高中大规模扩招，职业高中生源萎缩，生源质量也自然"水退船低"。听课时，除高考班外，几乎每节课都有睡觉、趴台、讲闲话等消极上课现象，且比较普遍，这也许是中职教育的课堂常态。在这样的课堂，老师其实是比较痛苦的，年轻的教师会思考自己这一辈子该何去何从，中年教师也许麻木了。

职业的良知不容我们"熬着"和"蒙过去"，得想办法破解。与其照本宣科，不如创新教学形式，变革教学内容。可为将在三五年，顶多十年内要成家做父亲、母亲的未来家长们开设现代家庭教育课。这样的课好处应该不少，从小家庭而言，可带来家庭成员整体素质的提高，营造温馨的亲情氛围。成功的家庭教育给了孩子坚实的成长基础后，还可让孩子圆自己曾经的梦想。从社区来讲，可提高社区的文化水平，维护和谐安定的社会氛围。从国家利益看，为未来祖国建设培养了较高素质的新一代国民。

"未来家长课"应从以下几方面组织实施。一是编好教材，即首先整理、编辑出一套未来家长教育的校本培训教材。教材可包括现代社会人的基本素质（孩子将成为怎样的人——目标），家庭教育中应该关注哪些问题（怎样把孩子培养成合格的现代人——观念），家庭教育如何实施培养（具体培养的方法）等。除这些理论外，一定要加上具体可读并值得借鉴的案例，让教材具有可操作性，也可让教材生动起来，避免空洞说教。二是课程实施。职中应当充分利用办学自主权大的优势，敢于突破陈规，在不影响文化基础课程和专业课程学习的前提下(完全可适当降低学习要求)，每周让出一两节课进行这种实用的教学尝试。

> **双赢课堂**
>
> 教育的传承力量不容忽视，学校教育不仅应该只着重培养孩子的学习能力，也应该帮助学生为培养下一代做准备。

坚强是父母身教第一要点

我曾经负责办理中小学入读资格审核工作，凡符合入读条件的外市、外省户籍学生，可提出入读申请。然而，中国人太崇拜人情的力量，于是托人找关系者大有人在。当然，有些连关系也找不到的，就只有死缠烂打。

开学第二天，一个外省户籍男子才带着女儿来报读收费更低的公办学校。显然，他是不够既定条件的。他说家里老母亲有精神病，把老家的房子烧了后跑了，老父亲又得重病刚刚去世，老家已无立锥之地。自己在外打工近十年，一个月只有六七百元，日子过得很苦。孩子不够条件上民办学校，老婆"痛苦"到连工作也辞了，还产生一走了之的念头……这名男子和我们说着，求着，似乎很委屈。因为不符合条件，他的要求自然没法满足。可他坐在办公室里，似乎在等我们"开恩"，给他的小孩一个学位。最终还是领导心软，又见这名男子实在赖得不行，不想影响工作，就吩咐我给他办了。

在《开学第一课》里，有一个叫马鹏飞的孩子。他从小父母去世，奶奶在他五六岁时又因无钱及时治病而双目失明。小鹏飞用自己幼弱的双肩撑起这个几乎被逼到绝境的家，也撑起奶奶的希望。坚强的鹏飞读书用功上进，无微不至照顾长期生病的奶奶。生活的磨难，锻就了小鹏飞坚强而感恩的阳光心态，着实令人敬佩不已。

面对生活的磨难，有的父母，我们只有"哀其不幸，怒其不争"。生活确实有不顺畅之时，但只要肯吃苦，生活绝不至于过不下去。孩子的父母应给孩子以坚强的身教。不要一有困难就求人乞怜，如果长期如此哀求而不奋争，孩子日后也许难免"重蹈覆辙"。

不要让生活的困窘成为乞怜的理由，应让暂时的困穷成为人生的财富，并用自己坚强的背影告诉孩子，靠不屈从于命运的意志和勤劳的双手踏过任何的人生坎坷。

双赢课堂

父母是孩子的榜样，在孩子成长的过程中要注意给予孩子正确的引导，教会他们坦然面对生活中的磨难，做个有骨气的人。

礼仪教育应从小重视

2008年最后一天，南朗镇举行了中小学生2009年元旦文艺汇演，那天的节目都表现出较高的艺术水平，然而让我印象最深的却是一个小细节。

当晚有一男一女两位小主持，每次报完幕，站在右边的男孩先退后一步，然后用右手做出一个"请你（女孩主持）先走"的手势，女孩走后，他边走边侧过脸面朝观众带着微笑离开。十五个节目加上开场白，他共上台十六次，这位可爱的男孩一直优雅把那一连串的细节坚持了下来。这背后凸显出了礼仪教育的可爱、可贵和可敬。

在当今社会转型期，一切的规则正被打乱，一切的新秩序正在摸索中酝酿，整个社会浮躁、功利、且唯我独尊。最佳教育期的孩子们，如果他们在青春年少时得不到最好的各方面教育，影响的就不单是一代人的精神面貌问题，可能延误一两个时代的精神文明建设。

现在的孩子缺乏文明礼仪教育的表现比比皆是：在家里"说一不二"，在学校"我得唱上主角"，走出校门"我得自由奔放为所欲为"。都是"以我为先"，基本不设身处地站在他人的角度立场想问题。因为有这般思想，一些学生在课间说话粗声粗气旁若无人，上下楼梯横冲直撞，见了老师和长者也较少礼让。

真不知这些问题出在家庭教育上，还是学校教育的失职，恐怕更多的是社会转型使然。然而作为教育者，不应该对孩子失去信心。因为人本身都有向善的天性，就如孟子所说"非独贤者有是心也，人皆有之，贤者能勿丧耳"。只要学校教育者保有这份坚定的信念，敢于面对已经存在的问题，善于思谋教育之方，精于创设向上的舆论氛围，胜于坚持不懈的教育努力，那孩子们一定是"孺子可教"的。

我们期盼着，也该行动着。

双赢课堂

> 知识的学习也许只是一时的，但是文明礼仪的学习却能让学生受益终身。中国教育不应该培养只有知识而没有文明的人。

学校不该只有一种声音

当今时代是一个思想多元、价值观多元、个性多元的时代,崇尚尊重个体差异,推崇以人为本与民主意识觉醒。

而校园中却有一些与之背道而驰的现象。或许是难以摆脱大一统习惯思想的羁绊,有的校长热衷于强权、专权、威权或集权,热衷于一种声音传到底,不能有任何的不和谐音。然而,现今倡导的是儒家思想的"和而不同",一个学校当然要有一个统一目标和发展方向,但再高明的校长也不可能把发展的路子、方案等事情考虑得天衣无缝、完美无瑕。如果教师们能坚持学校共同发展进步之"和"至上,他们在背后发泄点"不同"之音也无可厚非。

一个学校只有一种声音才是极可怕的,不仅不能说明校长能力超强,反而表明老师没有思想、没有自我,只有服从、盲从、奴从。此于学生成长不利,于教师进步不利,于学校发展也不利。还说明校长缺乏民主的治校意识，过度崇拜权利，无视教师的生命存在，只把教师和学生当作成就其"政绩"的工具。

迷信学校只有一种声音的校长，其心里除了缺乏作为校长的胸怀外，也有不自信。如此，就需要及时修养，包括修养宽广的容人之怀、修养自信的气质。而修养之途，无外读书和反思。

校长应用好手中之权，在教师中倡导积极向上的学校发展观，同时尊重个体差异和个性精神，让广大教师敢于展示自己的个性风采和魅力、个性思想和才华。也让老师们在学校共同发展目标引领下敢于、善于提出自己有建设性的声音，以求得学校教育生命昂扬、生机勃发。

> **双赢课堂**
>
> 学校应倡导积极向上的学校发展观，尊重教师和学生的个体差异和个性精神。鼓励老师在学校共同发展目标的引领下敢于、善于发出有建设性的声音。

布局调整 势在必行

几年来,中山市已成功进行了镇区的合并。现随着城市化进程的推进,自然村的合并也如火如荼地进行着。镇村行政建制的合并,带来了显而易见的利处,即精简了行政人员,减少了行政开支,更重要的是降低了广大市民的负担,提高了科学化管理的效率。

学校布局的调整其实同样必需,合理的调整也可以带来可观的社会效益和经济效益。

就目前而言,中山市尤其是农村镇区的学校布局,多半处于自然状态。一般一个自然村有一个小学,中学则是邻近的几个村建一所。这种自然状态中的中小学布局有它本身的好处,至少方便了广大村民送孩子上学。

然而其弊端也是显而易见的。一个学校正如一个行政单位,"麻雀虽小,五脏俱全"。学校的行政班子要建立,规定的课程要开足,不论学生多寡年级要分设，教师的配备要足量，教育教学的各项设施一样也不能少。少了就影响办学的质量，影响后一代的成长。然而，一个规模小的学校，什么都要配齐，又太浪费。这实在是一件尴尬的事，更是镇区领导和教育主管部门头痛的问题。

从长远看，撤并麻雀学校，结合各镇区居民分布结构，合理设置中小学。此举既利于教育主管部门优化教育的人力资源，也有利于使教育的投入集中，真正使教育资源和教育投入发挥最大效益。

在具体实施中，布局调整可能会遭遇一定的阻力和困难，但只要跟群众讲清楚利害关系，讲清这些做法对孩子成长是有利的，群众自然会支持。当然，在调整中必要的辅助措施也要跟上。

> **双赢课堂**
>
> 学校布局的合理调整可以提高教育整体水平、高效利用教育资源。

平民意识教育势在必行

身为老师的你到市场买菜，如果看到自己曾经的学生在卖猪肉、鱼虾，或卖蔬菜、卖早餐，你会怎么想？如果此时学生低着头不好意思，你又怎么想？如果这个学生大大方方跟你打招呼，请你"帮衬"，你又怎么想？

笔者就碰到过这样一个学生，一个当地的男孩，他从职高毕业仅两三年，人看上去也敦厚。我见过他不只一次，要么在市场卖鸡，要么卖自家种的蔬菜。我没教过他，但这个学生对时任初中副校长的我一定有印象。我见到这个学生的第一反应是，他能经常在市场这么多人往返出入的地方露脸，真是太难得了。因为他有一种可贵的平民意识。

其实，我们社会非常缺乏这种意识，因为在家庭教育和学校教育中，孩子们从小被灌输的思想是读书就为出人头地。考上好的中学，考上好的大学（现在就业形势愈加严峻，已经希望考上好的研究生院校了吧），读完书后，"学而优则仕"，找个好工作。

在这种教育氛围下的学生，看不起三教九流，看不起卖货的、扫街的、种菜的、打鱼的、做厨的……他们认为这些人统统没出息或出息不大，只能做这些"下三流"的活。如若迫不得已需要做这些活谋生，自己也会看不起自己。

然而，社会中的每一个人离不开这些被社会普遍认为从事低层次谋生职业的人，因为人人都有第一需要——生存，要生存就要吃喝拉撒。况且，不是人人都能通过"学"这条路成就功名的，由科举的第一天到现今的高考，几千年来有多少失败者？读书失败并不意味着什么，学校和家庭教育需要帮助孩子们从小树立平民意识。

"平民意识"就是尊重社会生活中从事任何职业的人，尊重他们的劳动，尊重社会中通过合法劳动自食其力的遵纪守法的人。

双赢课堂

读书成就功名，非人人可以，即使到了人人可上大学的年代，就业的形势也一样严峻，我们需要有从事任何合法职业都感到自豪的平民意识。

请对幼儿写字说"不"

一日，和一群小学及幼儿园老师研讨交流。来自公办幼儿园的老师说，她们在教学中严格遵循孩子身心发展规律开展教学活动，哪怕是大班的小朋友，也没有教他们写字，而一些村居集体办、民办的幼儿园却为了迎合家长的需求，过早教孩子写字。

功利的、世俗的教育观已从中小学严重渗透到了学前教育，教育已难有一块"净土"。

思考一：该教不教，不该教却教。得到的看似快而多，可这些孩子只能是"小灰雀"，大浪一来虽逃得快，然而真正飞得高飞得远的却是那些看似身形笨拙的"海鸥"。

思考二：家长们都希望自己的孩子不输在起跑线上，所以希望幼儿园教自己的孩子多学一些看得见的本领，能和别人竞争。写字当然是最直观可见的"成果"。于是，不是很懂教育的人在主导着本该是教育内行们的教育教学行为，幼儿园尤其是一些集体办的和民办的幼儿园只好或乐于去迎合家长们的现实需求。想想也是，幼儿园收费不低，交了钱却看不到孩子学东西，哪个家长能做到如此"气定神闲"？

思考三：希望家长看得更远一些。对孩子未来的忧虑可从优生优育时遵循科学做起，从为人父母者在孩子面前的一言一行做起，从在家庭中营造浓厚的读书氛围做起，对学校、幼儿园的教育少些干扰，要相信教育者能给自己的孩子真正的教育。

学前教育本就是让孩子养成终身得益的良好生活习惯和学习习惯，培养孩子们学会过集体生活、学会人际交往的能力，培养他们对艺术、体育、文学等各方面的兴趣，当然这些兴趣的培养主要途径在动口。

所以，幼儿园该对幼儿施行"君子"教育，多动口，少动手。把动手的时机用于孩子们参加运动和手工操作上，要对功利的违反幼儿身心规律的写字行为坚决说"不"！

双赢课堂

学前教育的本意是帮助孩子养成终身得益的良好生活习惯和学习习惯，培养他们过集体生活、人际交往的能力，培养他们对艺术、体育、文学等各方面的兴趣，不可操之过急。

"差生"是可以预防的

据有关媒体报道，全国中小学生中被教师们认定为"差生"的学生比例高达六分之一。

"差生"产生的原因是多方面的。但有良知的教育者当清楚地知晓"差生"产生的主要"功臣"非老师莫属。因为按人的智商水平，来自于母体即先天遗传97%以上比例的人都是智力正常者，而智力正常的人能不幸成为超过15%以上的"差生"，这其中的原因值得深思。"差生"的形成不是（或极少是）天生的，而是在教育者一次次的冷落中"造就"的。这些孩子，走进学校接受教育的那天起，带着不同的先天赋予的个性而来，带着不同的家庭环境影响而来，因此有些孩子乖巧、听话、反应快、上进，而有些孩子调皮、好动、反映相对迟钝、不太合群。身为老师，当然更喜欢那些乖巧、听话、反应快、上进的孩子。而其他的孩子，可能在被一天天地漠视着，或许因为他们的调皮、好动、反应相对迟钝、不太合群，让老师对他们多了训斥、责骂，少了关爱、关注、细心、耐心和恒心。长此以往，"差生"就这样产生了。

如此看来，"差生"是可以预防的，至少可以大大降低比例。期望每一位老师（尤其是小学起始年级的老师们）能像对待自己的孩子一样对待学生，这也是为人师者义不容辞的责任。期望教师在教育孩子时，能以一视同仁的眼光细心对待他们，多点耐心陪伴他们成长。

教师在教学过程中要"目中有人"。备课时要有帮助每一个学生学懂学会的先发意识，上课时要对有困难的学生多点关注、帮助和指导，课后对他们多点询问，并给予没有掌握的孩子及时的辅导。这样"用心"待孩子，他们会感受到爱，会增添前进的力量，自然不容易成为"差生"了。我们这个社会也许就容易因此多一分和谐，少一点忧心吧。与老师们共勉。

双赢课堂

"差生"只是一个代号，一个可以预防的代号。教师在教学过程中要"目中有人"，努力帮助每一个学生学懂学会，对有困难的学生多关注、帮助和指导。

该不该给学生压力

当前,在教学中常会遇到这样的情况:有的学生来学校没有学习的目标,说直白一些就是想在学校里"混"日子。这些学生的学习基础普遍较差,也缺乏良好的学习习惯,终日无所事事。

课堂上,他们对学科的态度往往是"择而待之",即要求严的老师上课,他就不说话不玩小动作,端坐正视,一副"规矩"的样子,学到什么只有他自己知晓。如果是那些要求不是很严,或是新教师、性格较柔的老师上课,他们便不时动一动、说一说、逗一逗前后左右的同学,以至干扰老师的正常教学,有的干脆伏台见"周公"——瞌睡了之。

与这些学生的家长交流,有不少家长也无可奈何,说孩子基础太差(或脑子不灵),怎么学都跟不上,"只求他在学校里不犯事,过完这几年,到时拿个毕业证就算了"。不知作为教师,尤其是农村镇区的教师，或普通学校的教师，你是否也常遇到这样的情况？在这些情况面前，你又是如何面对的？

我们应该常常思考这类学生该怎么办。是如学生家长一样"容忍"、迁就，让他们"平安"度日，不犯大错，少犯小错，还是采取一些积极的态度对之做出相应的要求，给他们些压力，甚至强制性地促使他们去改变提高呢？

一个人总是有了压力才会有进步。没有谁想做个一事无成的人。在求学阶段，哪怕基础再差，也希望自己学习有进步，甚至能名列前茅，常受老师的表扬、同学的尊重、家长的宠爱——即潜意识里，人人都有上进的品质和需求。另外，一个青少年的主要任务是求学，他们有足够充裕的时间和旺盛的精力。

如果老师、家长们不给他们一点成长的压力，不给他们一些目标（包括做人与学习），这些学生就会把时间和精力放在不真、不善、不美的思想和行为上，他们将越来越难以成才，当然也就谈不上真正的"平安"度日了。试想，这类学生层出不穷的品德问题、违纪问题不正印证了这一点吗？

再者，教师们的任务是培养每一个学生。如果遇见消极学习的学生，我们若只有"迁就"，熟视无睹，那我们就没有履行好作为教师的职责，所进行的教育也就不能算是完整的负责任的教育。

如此看来，这类学生还得管教，甚至严教，得给他们定个做人的目标、学习的目标，也就是多给他们点压力，促使他们成长。

当然，压力实施的过程是渐进的，是个严教与鼓励进步相结合的过程，当然也是积极的教育过程，是不违背素质教育"面向每一个学生"的过程。

双赢课堂

俗语说：有压力才有动力。学生的任性生长也许就错在没有适当的约束与管教，适当的压力也是一种善意的教育。

小灰雀与海鸥

有一个故事,说的是一个男孩三番五次地问妈妈,他是否比别人笨,因为他觉得自己和成绩优秀的同学一样听老师的话,一样认真做作业,可总落后于他们。

在为孩子有自尊而欣慰的同时,妈妈想跟他说人的智力确有三六九等,名列前茅者脑子就是比一般人灵,或者跟儿子说千万个父母重复过上万次的话——你太贪玩了、你还不够勤奋等。但这位母亲没有。

所幸的是,孩子一直在努力,一直在追赶优秀的同学,成绩也一直在提高。为了表示对儿子进步的赞赏,母亲带儿子去看了大海。

在海边,母亲给了儿子最好的回答:"孩子,你看那些在海边争食的鸟儿。当海浪打来的时候,小灰雀总能迅速地起飞,它们拍两三下翅膀就升入了天空,而海鸥总是显得非常笨拙,它们从海滩飞上天空总要很长时间，然而，真正能飞越大海横过大洋的是它们。"这个回答，对照自己教育学生、子女时的态度，让不少为人师者、为人父母者感到汗颜。

面对那些渴求进步却并不聪明的孩子，我们是怎么教育的呢？起初，也许是有耐心的，对他们充满希望的。可是当他们总与我们的期望相隔太遥远、流于平凡甚至平庸时，我们的态度变得漠然，甚至责怨，就如母亲当时心中那想说但没说出口的话。如此，一个又一个平庸便在我们的眼神中、言语中孵化出来。

对于孩子，应视他们为"笨拙的海鸥"，相信他们不是天性愚钝，而是正在不断地积攒力量、等待翱翔，只要一直努力，假以时日，定将飞越千山万水、横跨五洲大洋。试想，在这样的期待中，一只只海鸥将冲破眼前的迷惘，不断追求进步与成功，飞向他们心中理想的彼岸。

双赢课堂

> 教师应将孩子视为"笨拙的海鸥"，正在不断地积攒力量、等待翱翔的海鸥，相信他们总有一天将飞越千山万水、飞向理想彼岸。

做大更需做强

随着中山市成功创建省教育强市，中小学布局调整也渐趋尾声。合理的学校布局调整有利于整合教育资源和规范化管理。布局调整后，麻雀学校不见了，代之而起的是一艘艘"航空母舰"：六七十个班，三四千名学生的学校层出不穷。学校规模大了，管理的难度无疑加大了，教育的效果正经受着考验。做大之后如何做强，是每一个真正关心教育发展的人士面临的迫切问题。

加强学校内部管理，从管理中要效率是解决这一问题首先要做的事情。一者，要有一个强有力的领导班子，他们要懂教育的宗旨，有决策水平，能制定切合教育形势发展与当地社会发展需要的发展策略。此为核心。二者，建设一支有高度执行力，业务能力强，能身先士卒的中层管理队伍。此为关键。三者，努力打造一支有战斗力、凝聚力、集体荣誉感的教师队伍。此为根本。

说到底，教育不能只将眼光局限于升学，或只盯着考上多少重点中学、重点大学，更要将培养人放在第一位。教师的使命是为国家和民族，也为人类未来的发展培养有责任感、有使命意识，有思考力、有独立思维与创新精神、有实践能力的现代人。这一教育的着眼点和归宿点一定要清晰，要使之深入到每一个教育者的心中。

做大，绝不是目的，只有做强，才不至于成为虚大，成为臃肿无力的代名词。大而求强，这才是学校布局调整的最终愿望。

> **双赢课堂**
>
> 学校的规模并不能客观反映其真正实力，提升管理水平、建设一流教师队伍，提高教育质量，才是学校应该着力深耕的领域。

教育请少找客观原因

有老师说，现在的孩子品德差，又不上进，而家长们都很忙，对孩子的监护不力，不配合学校教育。

这些或许都是事实。因为社会形势变了。国门打开，信息发达，地球变"小"，各种思潮随之蜂拥而入，当年那种大一统的思维格局完全被打破，人们接受新事物的途径多了，受到的思想影响庞杂且多元。

这种情况下，如果学校教育还是一味地把孩子难教、教不好都归结于客观原因的话，这恐怕就是真正的逃避，真正的教育缺位了。只有直面劣势，才能走得长远。

如果每个孩子都天性聪明，有好习惯，勤奋上进，遵规守纪，那教师的作用将大打折扣。"教师是知识权威"的历史已成过去，信息的高度膨胀在很大程度上弱化了老师即"授业、解（知识）惑"的职业功能。现在的教育应以"传道"、育人为己任，即将孩子们身上作为动物人的自然属性打磨成社会性，让他们懂规则，有人性，有公德心，有社会责任感等。

有教育专家称，一个人的成长包含三份责任，一在家庭，二在学校，三在自身。

此观点有据可循。家庭教育是一个人成才的母机，是基础之基础。孩子自身的努力是内因，至为关键而不可或缺。学校教育、老师对孩子的教育是每一个孩子家庭教育的重要补充，毕竟一个孩子从儿童时直至成人期要一直待在学校，若从幼儿园算起到大学毕业有19年之久，就算只读到初中毕业也有12年。这十几年里，孩子的思想价值观、人生态度、品德修养、习惯、学习基础等，无一不受到代表社会主流意识的老师们的影响和熏陶。

可见，我们有责任倾注全部身心到每一个孩子身上，因为他们把一生最灿烂、最充满朝气的年华都交给了我们。

孩子再顽劣，再不思进取，老师都应多花心思耐心育化。要冷静分析孩子的优缺点，挖掘闪光点，看到不足的方面，用我们的责任心、爱心、耐心、恒心去转化。别担心孩子"执迷不悟"，进步太慢，要相信他们人性中可塑的、向善的、上进的一面，要相信孩子心底那温情的人性底色，要相信"哪怕是冰冷的顽石也会被我们的温暖捂热"。

还要抱定"转变一个后进生甚至比教好一个优秀生对社会贡献更大"的思想。抱着这样的心态去教孩子，还会有教不好的学生吗？

那种一接手便鄙视、放弃后进孩子的，是无能之辈；那种一开始豪情满怀，但一遇到困难或迟迟不见显著效果便认定"孺子不可教也"的，同样无能。

抛却无能，勇于担当，这才是当今教育者的责任与使命。

> **双赢课堂**
>
> 学校是人生重要的一程。每个孩子都是未经雕琢的钻石,老师应多花心思耐心雕琢,冷静分析孩子的优缺点,挖掘闪光点。

还是应坐班为好

教师不坐班，一天到晚在社会的各个角落出现。比如上班时间穿着便装在市场上讨价还价，别人以为当老师很清闲，这将多影响教师队伍的整体形象啊。其实现在的教育真的越来越难了，绝大多数教师都非常拼命，真不想这少数不自觉者影响整体形象。

教师不坐班，学校管理显得太随意自由。一个学校，难免有需要临时安排的工作，如果不坐班，学校需要找教师时，可能就很难沟通到、衔接好。

教师不坐班，这在校内也是不公平的。规定可以不坐班后，学校管理干部和班主任还是基本上得时时待在学校，其余老师只有上课时在学校出现，这至少对班主任很不公平。这也是为什么现在很多老师不愿意做班主任的原因之一。

教师不坐班，最重要的是不利于学生。老师有事有课就来，没事没课就"失踪",学生有学习、思想、心理的问题需要辅导、疏导、引导怎么办,"一切为了学生"不是成了一句漂亮的空话吗?

若教师不坐班,最好让全部老师都住在学校,这样才便于管理。否则还是坐班为好。

> **双赢课堂**
>
> 从学生的角度出发,老师应坐班。

学校期待少些检查

时光如白驹过隙,转眼又到年尾。学校此时为迎接各级各类的检查,学校领导得停下手头的工作来陪同,甚至还要拿出几天或一两周时间来兴师动众做各种准备。不仅如此,这个检查组前脚刚刚走,后一个检查组就"杀到",真是"你方唱罢我登场",热热闹闹,不亦乐乎。

只是学校真需要那么多的检查吗?哪些检查对学校有促进作用?哪些检查只是为了证明检查发起部门的存在?

学校是教书育人的地方,是发展教师、学生的地方,亦是师生生命成长的地方。虽说育人是一项综合工程,要育全面发展之人需要方方面面的关注,但若这些的存在不断干扰学校正常的育人秩序,那么这样的方方面面不如少些。作为上级部门,只要事先言明利害关系,出台正确的评价机制导向,没有一所学校胆敢不重视。所谓检查无非就是煞有其事地"鸡蛋里挑点骨头",以显示检查者的水平。

学校肯定需要检查，只是不需要仅为显示存在的检查，需要的是真实的、有真正指导意义的、能促进学校发展的检查。检查部门最好在学期或学年初就下发有关工作指导意见、评价指标要求，并明确大概时间，到了时间直接到镇区或学校进行突击检查就可（这样的检查可能更真实）。如今信息技术发达，检查也可通过视频汇报式、电子文本汇报式进行，做好对镇区一级的监控即可，大可不必"亲临"检查，以免学校为了迎接检查而做好"充分"的准备，既劳民又伤财。

　　总之，为给学校留一块清静的办学环境，留一点自主的办学空间，就少一些无谓的干扰吧。也请尊重学校作为育人主责的地位，别不时以检查为名"喧宾夺主"，干扰学校这个"主人"。

双赢课堂　　给学校留一块清静的办学环境，留一点自主的办学空间，少一些无谓的干扰吧。

也说"办人民满意的教育"

现在提得最多的莫过于"办人民满意的教育"这句话了,笔者也很认同此话,更希望我们的教育能真正让所有人民都满意。

"人民"这个概念,从政治的角度讲应该是拥护国家、民族的个体,从通俗的话来讲就是"老百姓"或者"社会中最广泛的劳动群众"。现在社会各行各业学历"高消费"现象越来越普遍,造成了对学历的普遍追捧和极大浪费。我国人口基数大,近些年大学不断扩招,毕业生就业成为社会难题。随着我国经济的高速发展,人们的物质生活水平不断提高,对文化、教育的渴求愈加强烈,尤其对子女的教育。

在种种压力下,老百姓对教育、学校、教师的要求自然也水涨船高。他们期望学校和教师把自己的孩子培养成成绩优异的高材生。家长极为关心孩子的学习成绩,不太关心孩子在学校学到了多少做人的道理和礼仪,养成了哪些良好品德。在多数家长眼中,成绩是第一位的,是无可替代的。

这或许是普遍存在于我们的"人民"心目中的"满意"的教育。

看来,"办人民满意的教育",首先要有办真教育的认识,认识到我们所从事的不是急功近利的流水线产品。我们所从事的是育一代人的崇高事业,不仅只为学生短期学业成功而教,也不仅仅为一个学生的一辈子幸福而教,更是为我国这个伟大的民族而教。有这样的认识,我们就不容易被世俗的功利教育势力所羁绊,就能用我们的自信引领较为功利浮躁的一群人走向理性和智慧,走向清晰的真教育大道,让他们放心地把孩子交给学校和老师,真心诚意地配合学校教育,共同把孩子培养成社会合格的接班人和建设者。

> **双赢课堂**
>
> "办人民满意的教育",就是教育者们要有办真教育的独立思想,要有不为社会世俗所左右的教育理念,更要有敢于以自身作为文化人的自信去教育和影响乃至扭转社会世俗观念的责任感、勇气和胆识。

应增加小学教师编制

现行的小学教师编制，还是一直沿用建国初的标准。按教学班配置教师，普通小学每班配教师 1.5 人，镇区中心小学每班配 1.8 人。过紧的小学编制，导致教师疲于应付繁重的工作任务，严重影响教育教学的质量。老师一般一周要上不少于 20 节的课，低年级（1—2 年级）的教师甚至要"包"班。为了更好地完成教育教学任务，他们常常"日出而作、日落而息"，甚至夜以继日。因此，根据教育形势的发展，结合中山市创建教育强市的目标要求，合理增加小学教师编制，实乃当务之急。理由有三。

一、合格人才培养的需要

小学教育是构筑一个人一生教育大厦的基石，是一个人一生发展的根本。基石不稳，影响的不仅是孩子一生的发展，而是一个民族整整一代甚至几代的发展。因此增加编制，使老师们从繁杂的日常事务中解脱出来，用更多的时间去思考和研究如何帮助孩子掌握更多的知识和技能，并关注他们的成长过程，真正提高每一个孩子的素质，帮助他们打好人生的扎实基础，于国于家都有利。

二、提高教师思想和业务素质的需要

繁重的教育教学任务，让老师们无暇兼顾自身思想和业务素质的进修。而孩子在极为传统的灌输式教学和超负荷的作业量下，已逐渐失去对学习的热情和兴趣。如果增加教师编制，老师们将有更多的时间学习和了解新的教育理念，转变教育思想。

这一举动不仅利于增强作为人民教师的责任感和使命感，又能充实老师自身的理论素养，提高教科研水平，最终服务于教学，提高教育质量。

三、保障教师身心健康的需要

人们常说，国运兴衰靠教育，而教育又离不开教师。如果承担人才培养责任的教师们，长期处在高负荷的工作量和较大压力下，他们的身心将受到巨压。一些老师临退休时已诸病缠身，皆因工作过重，而老师们在紧张的工作之余又极少有时间进行系统而长期的身体锻炼。

为了孩子，为了教育事业，为了教师，更为了民族的未来，合理而适当增加小学教师编制，减少他们的工作量，实为迫在眉睫之事。

> **双赢课堂**
>
> 教师群体的扩充可以更好地保障教育水平的提升，也可以将教师从"为教学而教学"的泥沼中解救出来。

教育公平 路正长

在 2015 年全国人大政协两会上，李克强总理所作政府工作报告中，对教育重点提出两点要求，一是全面促进教育"公平发展"，二是强调教育"质量提升"。早在 2010 年公布的《国家中长期教育改革发展纲要》就把"促进公平"作为国家基本教育政策，将"以促进公平为重点"作为"加快从教育大国向教育强国迈进，为中华民族伟大复兴和人类文明进步作出更大贡献"的关键举措之一。五年多来，各地稳步推进教育领域深层次改革，推出了各具本土特色的保障公民依法享受公平教育的措施，逐步合理配置教育资源，促进义务教育均衡发展和扶持困难群体，不断缩小着教育差距。

2015 年教育部工作要点之一是大力促进教育公平，逐步缩小区域、城乡、校际差距。基础教育需要努力做到教育资源公平配置、入学机会公平分配、教育过程公平推进。

一、教育资源公平配置

教育公平是社会公平的重要基础。让所有孩子接受公平、有质量的教育应成为教育信念。公平教育的基础之一，就是要实现资源的均衡配置，实现区域教育均衡发展。均衡配置一般包括教育资金的投入、校舍建设标准、教育教学设施配备、教师配备等相对均衡。

全面改善义务教育薄弱学校的办学条件，尤其是经济相对不发达镇区学校、偏远农村学校，特别是外来工子弟学校，乃是当前中山市基础教育仍大有可为点。目前，需趁着争创全国义务教育阶段标准化市、镇区之契机，倒逼相关的镇区政府和民办学校投资人，严格按照标准化学校建设要求，全面完善办学硬件配备，给在中山市就读义务教育阶段学校的所有青少年，享受到教育资源的公平配置。试想，为何当前市民仍对一些名幼儿园、名小学、名初中、名高中趋之若鹜，除长期造成的质量基础因素，与没有将所有学校纳入一盘棋来有效管理分不开。对名园、名校，政府在教育资源配置上严重倾斜，而忽视了更多的面上普通园、普通校的关注和投入。长期如此，校与校之间的硬件投入、师资配备、所招生源等的差距越来越大，教学质量的差距水涨船高，从而导致了百姓对名园、名校飞蛾扑火式的"趋光"效应。若能转变教育管理思维，通过政策调控和依法监管来全面引导与督促各级政府和民办教育投资人完善标准化学校建设，强化学校的标准化建设，从而让每一个孩子无论本市户籍生还是随迁子女在哪一所学校都能享受到齐备的现代化教学设施，享受到公平的教育基础。

二、入学机会公平分配

教育公平还体现在入学机会的相对公平上。入学机会的公平最受百姓关注，得到的诟病也最多。我们欣慰看到，义务教育免试就近入学政策在全国18个重点城市推开，农民工随迁子女在流入地参加高考省份2014年已达28个。然而，百姓对入学机会公平的愿望仍然高涨。就中山市而言，实施多年的积分入学指标缓步增加。2014年四所市直属初中全面试点派位，2015年中考招生政策中随迁子女入读普通高中的门槛明显放宽。这些都赢得了百姓的点赞，也让人看到了教育公平的更大希望。

当然，随迁子女接受义务教育比例仍不高。2014年，全国义务教育阶段有82%的进城务工人员子女在公办学校读书，而我市要走的路依然很长。

三、教育过程公平推进

教育过程的公平推进，最核心的要素是人，是学校管理者和每一位教师。借用全国人大代表、北京大学校长林建华的观点，我们培养出来的人才要能够承担起中国未来的重任，要普遍地大规模提高教育水平。同样，全面提高我市基础教育的质量水平，要依靠每一所学校，依靠每一位教师。

教育过程的公平最关键的因素，一定是人的因素。因此教育公平的实现，除外在的教育硬件设施均衡配置外，必须在教育人员的合理化调整上多谋划，多行动，打破教师是"学校人"的思维，转变到"系统人"上来。通过相对合理而渐进式的措施，推进校长、教师交流轮岗，或通过开展学校联盟、集团化办学、学区一体化等举措，形成优质校带动薄弱校，城市校协同农村校共同进步的教育发展模式，让接受教育的孩子不分城乡、不论区域，都能享受到优秀教师的教育。

要有效通过教师的合理流动，促进教育公平的真正实现。还必须切实推进落实市、县区域内城乡统一的中小学教职工编制标准和教师待遇政策。工作量、收入待遇不因城乡和在哪所学校而有明显的差别，甚至要让偏远落后地区的教师待遇比同一地区平均高 20% 以上。只有这样，优秀教师才有愿意留下安心从教的可能，才会有在区域内实现教育公平的可能。

此外，我们还需要关注特殊儿童的公平教育问题、贫困家庭子女的教育问题等，要让这些孩子都能感受到公平教育的希望。

> **双赢课堂**
>
> 教育工作要致力于提倡教育公平，缩小区域、城乡、校际差距。基础教育需要努力做到教育资源公平配置、入学机会公平分配、教育过程公平推进。

第四章

吾日三省吾身：
专业发展

学习可充实思想，
教师的工作和实践不该日复一日。

老师，你的一言一行很重要

初二语文第五单元测验，题目的最后一道是作文——《我的自传》。这是根据传记单元，尤其是学了《鲁迅自传》出的一道作文题。批阅中，看着一篇篇学生们用心写下的经历和所走过的生活道路，领略着孩子们纯真的感情和纯朴的心声，心中不免感慨良多。作为老师，在学生看来，"您的一言一行对我真的很重要"。

"（小学）二年级时，我因写作文时开头第一句写了'今天是一年一度的植树节'，被老师在班上表扬，使我开始喜欢写作。四年级时因在学校碰见老师叫了他，他不回应，使我以后在任何时候，任何地方看见老师都不敢叫。"

像这样的话，还有很多。不知道你是否也有与我相似的感受。我在批阅时，被这一句句真情的话感动着。这些十四五岁的少年，当他们回顾十余年的人生道路时，竟有如此多的感触。而在这些感触中，可以感受到作为教师，我们的一言一行在孩子心中可能产生多么大的影响。老师不但是教书者，更是育人者。我们不但用语言育人，更是用举止育人。当我把这些来自孩子的片言只语转述给同行们时，他们都体会到"为人师表"这四个字沉甸甸的分量。是啊，为人师者都知道"为人师表"的含义。可当我们反过来听孩子们的心声时，不仅该知道这四字的意思，更应从一言一行上做好榜样，因为我们所承担的社会责任与义务是培养一代新人。

> **双赢课堂**
>
> 老师不但是教书者，更是育人者。我们不但用语言育人，更用举止育人。所谓"为人师表"，大抵如此。

教者的最高准则

近期读到一篇短文，写的是一个医生的故事。

20世纪三十年代，一位叫古特的德国著名儿科医生准备移居美国。他在纽约租了一个房子住下来，准备参加美国的国家医生考试，以便拿到医生营业执照后定居美国并行医。在他差两个月就能拿到医生营业执照时，遇上了一件很为难的事。其房东的孩子得了重病，请的意大利医生看了两次均无任何好转，且第三次这位医生竟然因房东未付完前两次的诊费而拒绝出诊。孩子生命垂危，房东及其邻居都希望古特能出手拯救孩子，可按美国法律，他没有行医资格是不可以看病的。如果触犯，将因失信于政府而遭逮捕，并失去居留权。在这严酷的选择面前，古特毅然选择救治病危的孩子。经过十天十夜全身心抢救，孩子终于脱险。可由于那个意大利医生的告发，古特被捕。

1935年1月24日，纽约第二高等法院开庭审理了这起在美国全境引起轰动的案件。法官在全面了解事件的前因后果之后，对被告人说："古特医生，您违反了法律，原因是为了要遵循另一个更高的准则，因此，判您无罪！"

那个更高的行为准则是良知和道义，对一个生命的尊重，是良知和道义的最高体现。那么，教育下一代的教师又从中得到什么样的启发和思考呢？

在这个功利主义蔓延于校园的时代，有些教师已经丧失了基本的职业良知和道义，即无论如何都要全身心地帮助、引导每一个学生的发展和成长。他们屈从于经济利益，将影响教师"工作绩效"的差生、学困生赶出教室，赶出校园，使之流落于汹涌的社会洪流中，使这些本该在校园里得到教育和帮助的花季少年带着遗憾离开课堂和同伴。

每一个学生，因为他们不同的家庭教育氛围，以及智力与非智力因素的综合影响，进入学校时已千差万别且富有个性，是一块块等待教师雕琢的璞玉。如果老师有足够的使命感和责任意识，就会奉教者的良知于心中，关注每一个学生的成长，尊重他们并帮助每一个学生找寻正确的成长之路。

可是，有些管理者和教师全然忘记了教育者的责任和职业使命，忘记了教育者的职业良知和道义，为了能在工作绩效考核中，在学校、学科学业成绩的评价中站有好的位置，拿到足够多的绩效奖金和中考、高考奖金，丢弃了职业良知，把影响学校、班级、学科成绩评价的"差生"想方设法拒之于校门之外。甚至从学校管理者到班主任、任课教师"齐心协力"找各种理由设置障碍，软硬兼施地将这些最需要教育和帮助的学生"请"出校园。

被劝出校园的学生，就意味着教者良知的一次沉重失落，甚至是集体的失落。如果这已成为一个学校的常态，甚至学校的隐性文化，表明这所学校的教师已经完全沦丧为物质利益的追逐者，堕落为物欲的贪婪者，成为了可悲地将教师职业的践踏者。

希望有如此之心的教师，放下你物欲追逐者的嘴脸，修正自己的职业良知和道义，真心地奉教育者的职业准则于心中。

> **双赢课堂**
>
> 身为教育工作者，应谨记自己的教育使命，在不断提升自身能力的同时，保持教育者基本的良知和道义。教者，育人为主。

从郎平带女排的成功谈教师队伍培养

在巴西里约奥运会上，郎平率领中国女排在逆境中崛起，连克欧美强队，最终夺得冠军，这一史诗般的荣耀又一次振奋了国人。在谈论中国女排再一次站上荣誉之巅时，人们谈论更多的是无私奉献、团结协作、自强不息、永不放弃的"女排精神"。的确，精神的力量是无穷的，其之于实力相当的队伍确实是左右胜负的关键因素。然而，郎平于2013年再次执掌中国女排以来，除了传承老女排精神之外，还将技术能力、战术素养等核心竞争力放在队伍建设的中心位置。重执教鞭后郎平发现："没想到球员的状态、基本功、心理素质这么差！"接手后，郎平亲自带领队员训练，花大量精力研究对手的技战术，在生活上对队员们也关照有加。奥运会战胜巴西后，郎平说："不要因为我们赢了一场，就谈女排精神，也要看到我们努力的过程。女排精神一直在，单靠精神不能赢球，还必须技术过硬。"可见，"女排精神"

最终要落实在过硬的技术与精湛的战术布局上，正如媒体所评论的："中国队在奥运赛场上敢于亮剑，遇强愈强，获得金牌，足以证明郎平领导有方、中国队技术战术得力。对于胜利来说，精神与技术，一个都不能少。"

郎平执导中国女排的成功，给学校管理者带来了莫大的启示。如何打造一支既有精气神，又在专业技术上过硬的队伍呢？

激发教师队伍永葆干事创业的激情不可少。现在的教师队伍不好带，因为受外界功利主义、物质世界影响很大，传统的乐于无私奉献、兢兢业业等精神正在逐渐消退。然而，每一位教师内心深处仍然潜藏着职业人渴望被认同、尊重以及自我实现的需要。作为学校管理者，当直面队伍建设中客观存在的问题，时时用伟大的民族复兴，振兴中国梦等历史任务激发广大教育者的职业使命感；用充满正能量的同行业与其他行业的优秀者、卓越者积极向上和勇于不断超越的实例来教育和鼓舞教师。

引领教师队伍专业发展不断追求卓越是关键。有了精气神，还需要在专业能力发展上做好引领和帮扶。广大教师需要有扎实的专业基础、丰富的专业结构、过硬的专业能力、厚实的专业素养，才能确立起自身自信的专业底气。有了这种专业底气，在教书育人的过程中才会不断创造出精彩的育人成果，成就职业幸福。专业发展怎么引领和帮扶？一是需要营造一种尊重自身专业，不断追求专业卓越的积极向上的氛围。二是要针对教师的各个职业阶段进行有针对性的专业指导，新入职教师帮助他们打好教学基本功，年轻教师帮助他们学会将研究与实践紧密结合起来，骨干教师帮助他们提炼出自己的教学个性，卓越教师帮助他们打造自身的教学主张等。三是搭建好有利于每一位教师展示专业个性的成长平台，校内组织各种教学能力比赛，推荐骨干教师参加省市各类竞赛，帮助他们不断提高专业发展。

具体到每一位教师日常的教育生活，需要引导老师过有品质的教育生活。一是养成读书的良好习惯。专业发展永远在路上，要使专业发展不停步，坚持读书、终身学习是必修课。二是养成思考的良好习惯。读书可以触发思考，实践也可以触发思考，思考所得必须及时记录、整理和提炼，以积累丰富的教育智慧。三是养成敢于创新实践的良好习惯。实践是检验真理的唯一标准，引领教师们敢于直面教育教学中的问题，并通过大胆而富有创新性的教育实践，解决工作中的问题。

> **双赢课堂**
>
> 中国女排不存在随随便便的成功，教师专业发展也是如此，"精神与技术，一个都不能少"。

新教师培养：从方向到方法

新学期，不少学校都会迎来新教师。新教师年轻，充满朝气，充满专业发展的无限可能，是学校事业发展的生力军和希望所在。作为学校管理者，需要为他们建立全面、系统，又务实、持续的培养机制，做好整套的培养方案，帮助他们在入职的初期，就确立好职业人生的发展方向，知道采取什么方法去展开自己的职业人生画卷，谱写事业发展不断追求优秀乃至卓越的美好篇章。

一、方向：指导新教师树立高远的职业规划

新教师初入职，往往茫然无措，因为从做了十几年学习接受者的角色，转变为传道授业解惑者，要学的东西实在太多，学研究教材，学课程标准，学备课，学上课，学布置作业，学批改和讲评作业，学出测试题等。不仅如此，还要练好板书字、钢笔字，学做教学课件，

学写教案、学写教后记、学写论文、学做课题、学做班主任、学组织学生活动等。虽然有过实习，但那毕竟是短暂的。入职后的实践，才是真枪实弹。所以，在新教师入职之初手忙脚乱、心神未定之际，学校管理者就需要想在他们之前，如果有暑期系统的职前培训做基础最好。如果没有，也无需慌乱，教育工作毕竟不是一朝一夕之事，要的是用心和持之以恒。只要有计划、有措施，新教师完全可以在实践中学习好专业所需的各种能力。管理者要指导他们从入职初期起，就树立好高远的发展目标。

二、目标是一个人前进的方向和动力源

新教师若没有及早确立职业人生的专业发展目标，就容易陷入永远忙不完的教学事务中无法自拔，容易随大流地度过每一天，从而身不由己地落入平庸之境。长期的事务缠身，还容易带给他们对职业的厌倦乃至恐惧，因此帮助和引导新教师趁早确立职业发展方向，学会脚踏实地做事的同时，也教会他们抬头看路、仰望星空。确立专业发展方向，首先是建立起对教育职业的感情，既然投身其中，就热爱她，学会从平凡中发现工作的使命感，明白用心培养学生成人成才的同时，也同样可以成就自己的事业，实现人生的价值。其次，要以务实的教育教学实践、以名优教师为事业发展的"航标"，遵循专业发展规律不断成长，先从做好一名合格教师开始，逐渐努力成为一名骨干教师、优秀教师，乃至卓越教师、教育名家。有了专业发展的目标规划，职业人生走起来就有了方向，哪怕每天遇到层出不穷的工作问题，都能够以积极而坦然的心态和专业的精神去面对问题，解决问题。这样的

职业人生路会走得很踏实，因充满成就感而动力十足。

三、方法：指导新教师掌握过硬的专业能力

有了方向，还需要达成方向目标的方法，这方法归结起来就是通过不断学习、思考、创新实践，掌握过硬的专业能力。对新教师，一开始需要手把手教，不可任由他们在初入职时在专业发展上自我摸索、自生自灭。首先，学校层面应做好一个面向全体新教师的、一学年的具有系统性、整体性的专业能力培养方案，重点为教学基本功的培养，分解好每一项基本功培养所需的时间表，通过学校领导或优秀教师专题讲座指导、案例展示和讲评、组织专项交流活动或比赛、汇报展示等，让每一位新教师在其专业基本功上得到真真正正的提高。其次，给每一位新教师配一到两位奉献精神好、责任心重、专业能力强的骨干教师担任导师，即"青蓝工程"。最好一位偏重学科专业指导，一位侧重班主任等管理能力指导。导师和新教师需要建立互学互长的关系，新教师要以实践中的问题为案例，及时主动向导师求教，在实践中提高和成长。导师也需要无私传授经验和方法。对导师而言，新教师也是促进自身专业发展的新动力，可以给自己不断带去工作的活力。当然，过硬的专业能力要想打好基础，最关键的因素仍然是新教师自己。既积极向上，又不急不躁；既只争朝夕，又坚持不懈；既以能者为师，又自我学习、思考、实践。导师还要指导新教师在专业能力发展上，逐步树立起全面的专业结构观，不能只满足于会教课，受学生和家长欢迎等方面，还要学会在实践中研究，会用文字及时总结教育教学的得失，会在教育经典阅读中丰富专业学养，在专业写作中提炼自己的

教育思想和实践智慧,做一位学习型、研究型、学者型教师。

新教师满怀希望踏上职业人生时,若能得到管理者和教育前辈指引的发展之路,而且懂得用适当的方法逐步达成目标方向,确为人生之幸事。愿我们都能做这样成全他人、成就自己的幸福者。

> **双赢课堂**
>
> 漫漫人生路,每个人都需要引路者。教育界应该形成前辈带后辈、有经验者带无经验者的良好风气,将好的教育理念传承下去,将落后的教育方式逐渐淘汰。

学生亦为吾师
——读《汤普森夫人》有感

读了《汤普森夫人》一文，感受颇多。

故事如下：开学第一天，汤普森夫人站在五年级学生面前，说了个谎，她说会平等地爱班里的每一位同学。但这是不可能的，因为夫人发现小男孩泰迪·斯托达德根本无法与其他孩子玩到一起去，他的衣服很邋遢，身上也不整洁，而且不怎么受大家欢迎。之后，夫人很喜欢在他卷子上用红笔画一个个红叉。

不久后，学校要求老师审阅每个孩子过去的记录，夫人把泰迪的档案放到了最后一个。然而，打开泰迪档案后她吃了一惊。泰迪一年级的老师写道："泰迪是个聪明的孩子，永远面带笑容。作业写得整洁、很有礼貌，他给周围的人带来了欢乐。"二年级的老师写道："泰迪是个优秀的学生，深受同学的喜欢，但他很苦恼，因为他妈妈的病已到了晚期，家里生活困难。"三年级的老师写道："母亲的去世对他是个沉重的打击。他试图尽最大努力，但他的父亲责任感不强，如果不采取一些措施，他的家庭会对他产生不利影响。"四年级的老师写道："泰迪性格孤僻，对学习不感兴趣。他没有什么朋友，有时会在课堂上睡觉。"此时，夫人才意识到问题所在，她为自己的行为感到羞愧。

圣诞节到了，当学生们送给她圣诞礼物时，她更是无地自容。学生们的礼物都用明亮的彩纸包装，上面扎着美丽的丝带，唯独泰迪的礼物是用从杂货袋上扯下的厚厚牛皮纸袋包裹。汤普森夫人费了很大劲才打开这个礼物，那是一只水晶石手链，上面有颗水晶石已丢失了，还有一瓶只剩四分之一的香水。一些孩子开始发笑，她制止他们，并大声夸赞这只手链漂亮，把它戴在手上，还在手腕上搽了些香水。那天放学后，泰迪·斯托达德说："夫人，今天你身上的味道和我妈妈以前一样。"孩子们走后，她哭了至少一个小时。从那天起，她不再研究怎样教阅读、写作和算术，而是研究怎样教育孩子。夫人开始特别关注泰迪，与她一起学习时，他的大脑便显得灵活起来，她越鼓励他，他的反应就越快。到了年末，泰迪已成为班上最聪明的孩子。

一年后，汤普森夫人在门缝下发现了一张纸条，是泰迪写的，他告诉她，她是他一生中遇到最棒的老师。又过了六年，她又收到泰迪的另一张纸条。他说，自己已经高中毕业，成绩排在全班第三名，她仍是他一生遇到最棒的老师。多年后，夫人收到一封信，这次泰迪说，当初拿到学士学位后，他决定继续留在学校深造，汤普森夫人仍是自己一生中遇到的最好的老师。只是信上的落款变得长了些：医学博士西奥多·F·斯托达德。

那年春天，泰迪又来了一封信，说他马上要结婚了，他不知道汤普森夫人是否愿意参加他的婚礼，并坐在新郎母亲的座位上。当然，夫人去了。她戴着那只丢了颗水晶石的手链，还专门喷了泰迪母亲用过的那种香水。师生俩互相拥抱，斯托达德博士轻声在夫人的耳畔说："谢谢你，汤普森夫人，非常感谢你让我知道自己可以有所作为。"汤普森夫人眼含热泪，低声说："泰迪，你全搞错了。是你教会了我，直到遇见你，我才知道如何做老师。"

读完这个故事，我流泪了，为这个懂得感恩的斯达托德，也为同样感动着的汤普森夫人。尤其夫人的最后那句"是你教会了我，直到遇见你，我才知道如何做老师"。

老师很多时候总是轻率地认为孩子是一块可以任由我们涂抹、改造的白纸或泥团。殊不知，学生同样是为师者的老师。斯达托德是幸运的，即便他那么小就失去了爱他的母亲，也不再有温暖的家庭，但他遇见了汤普森夫人。夫人也是幸运的，她收获了一个母亲般的荣耀，因为有了学校所做的"审阅每个孩子过去的记录"这个指令，她便有了对泰迪全新认识的机会。也从那时开始，夫人重新审视了自己的教育行为，她认识到用心教育每一个孩子，重要于教他们知识本身。每一个孩子成长的背后，都有一个丰富精彩的长篇故事，用心品读，才能更加有效地施与教育，引领孩子走向本该属于他们的朝气蓬勃和美好未来。

泰迪离开汤普森夫人那么多年，他把夫人视为了自己的母亲。确实，明白真相后的夫人给了泰迪以特殊的关注乃至偏爱，她接受了泰迪那沉甸甸的圣诞礼物，如孩子的母亲般感动着。

因为泰迪，汤普森夫人懂得了教育需要付出关注，付出情感，付出爱。她懂得了教育需要接纳每一个孩子，需要走进每一个孩子的内心世界，并全面了解他们背后独特而波澜起伏的人生故事，需要公平地对待每一个渴望被关注的孩子。她更懂得了教育是可以用教育者的职业精神、专业知识改变一个孩子一生命运的，有爱的教育可以有效干预正在走向人生低谷的幼小生命，而不致使这些孩子继续滑向自卑、封闭、孤僻的深渊。教育是温情的，是师生生命的相互感动与激励，教育是施与爱，也是赢得更博大的人间真爱。

> **双赢课堂**
>
> 感谢泰迪，感谢汤普森夫人，他们的故事让我坚信了教育的力量，坚定了教育的信念：爱我们自己，更无私地爱每一个孩子,他们,也是我们的老师。

让师爱注满教育之池

现代著名教育家夏丏尊先生在《爱的教育》序言中用一个形象的比喻写下了这样一段话:"学校教育单从外形的制度上、方法上,走马灯似的变更迎合,而于教师的生命的某物,从未有人培养顾及。如像掘地,有人说四方形好,有说圆形好,朝三暮四改个不休,而于池之所以为池的要素的水,反无人注意。教育上的水是什么?就是情,就是爱。教育没有了情、爱,就成了无水的池,任你四方形也罢,圆形也罢,总逃不了一个空虚。"

为人师表者应用心体味夏老这句话的深义。面对越来越高的教育形势需要,我们要努力迎纳,敢于面对,勇于实践。在诸如素质教育、信息技术与学科整合、新基础教育、新课程改革中的知识和技能、过程与方法、情感态度与价值观的三维目标等扑面而来的教育潮流面前,我们应在教育教学的实践中努力更新观念,提高教育实效性、前瞻意识与能力，这是教育者不容推卸和回避的责任与义务。无论如何，我们在教育中始终不能忘记夏丏尊先生的谆谆告诫，那就是在教育中倾注情和爱。因为我们实施的不是形式上的教育，也不仅是知识的传授，而是对一群有血有肉、有情有思的年轻生命的教育。只有对他们倾注我们的使命之情、使命之爱，方能用真心换来真心，赢得广大学生的爱戴，换来"亲其师信其道"的和谐境界。如此，我们头疼不已的诸多教育问题将迎刃而解。

师之情、师之爱，或许仅仅表现为一句鼓励的话语、一声深情的赞许、一个激励的眼神、一次纸上的无声交流，却因此可让师情师爱之花吹皱一池春水，荡起学子们心底的涟漪。

师爱是有层次的。

让学生产生亲近感，感受到"老师疼我、喜欢我，老师对我好"，感觉安全、温暖的师爱只是较低层次的。

对学生理解、尊重，感受到"这个老师懂我、贴心，他知道我在想什么，他支持我的想法和做法"的是较高层次的师爱。

对学生有所期待，十分在乎学生的进步发展与未来前途，能将自己的人生价值与学生的前途未来融为一体，从而收获真正的"教师情结"的，是更高层次的师爱。

我们早已知道既然从事教育，就要献身教育、奉献师爱的道理。那么在面对这三种层次的师爱要求，该思考些什么呢？

在庞大的教师队伍里，可以说有相当一部分人只将教师作为职业来对待，只把它当做谋生的手段。他们关注的只是学生在校园的活动，出了校门一律不管。对照严格的校纪校规"裁剪"学生的个性，用高倍的望远镜窥视学生的缺点，面对本该在错误中成长的孩子们严惩不息，没有笑容，没有亲近，没有关爱，没有尊重，更没有对学生未来命运的关注和期待，至多只是不厌其烦地唠叨"要遵守纪律，好好读书，否则你将来是个废物……"

教育需要师爱，师爱有着无比宽广的内涵，即使我们无法奉献更高层次的师爱，也要让学生感受到安全、温暖。

就让我们从低到高做起吧，让师爱慢慢走向崇高。这才是教育的真谛，是我们的职责与使命，也是社会的期待、民族的期望！

双赢课堂

爱是相互的，教育工作者应该努力爱每一个学生，尊重学生独特的性格和多样的选择，只有这样，才能赢得学生的尊重。爱人者，人恒爱之。

做个有思想的教育者

备课、上课、改作业，板着脸孔教育、批评学生……却很少抬起头来看看远处，遐想一番、沉思一阵。教育工作者当努力做个思想者，"一日三省吾身"：学了吗？想了吗？做了吗？

学习是充实思想的基础。只有常读教育家的著作，学习教育同行的成功经验，领会其思想，参考其做法，并联系自己的实践，你才会发现自己在不断向前，视野在不断开阔，而非故步自封，固执己见。要做一个真正意义上的成功教育者，坚持学习是必不可少的，它是做个有思想教育者的必然基础。

常思考是完善思想的动力。做个有思想的教育者，常思考也不可缺。简单地说，你可为自己的成功总结经验，也可为不足处思考出今后可资借鉴的教训。我们还应从高远处去思考所从事的教育工作。比如教育教学的目标，不该停留在有多少人考上重点大学、重点高中或提高学习成绩（分数）的层面，更该着眼于培养学生的心灵、人格和思想上。常说"知识改变命运"，教育要改变的不仅是学生个人的命运，更要教育学生将自己的命运改变和整个祖国、民族的命运改变紧密联系一起。我们还要思考如何将孩子培养成为有思想、有人格修养的新一代，让他们既拥有厚重的民族传统精神，又有与时俱进的现代人素质。只有常思考这些问题，教师的工作才能有长远进取的动力。

实践是验证、提升思想的途径。教师的工作和实践不该是日复一日、年复一年的简单重复，我们应该把学习所得、思考所得尝试运用于教育实践中，完善教育行为，完善人格气质与素养。实践也是验证、提升思想的必然途径，学习和思考所得并非一定适合于教育实际。思想与实践在碰撞中势必出现新问题，新问题的出现又促使我们再学习、再思考，用马克思主义的认识论来说，"如此循环往复"，以达到成为有思想的教育者的目标。

> **双赢课堂**　做个有思想的教育者，不仅要为成功总结经验，更要对自身的不足进行总结改正。思考之后还应努力实践，将思考所得尝试运用于教育实践中。

从触动到行动

随着教育内涵发展的深入推进，教育培训如火如荼，老师们不仅有机会走出去开阔视野，增长教育智慧，还时常能够在本校、本镇、本市聆听引进来的专家或同行传经送宝。听着专家们高屋建瓴的讲座或同行切实可行的做法，总会油然而生一种"他真的很厉害，要是我也能有这样的水平多好"的触动或"我一定要向他学习"的冲动。然而，三两天头脑的热度降温之后，留下的只有无力感。看来，从触动到行动，很难。深究其因，是二者之间缺少一座桥梁——改变现实的意志，坚忍不拔的行动。

《尚书·说命中》："说拜稽首曰：'非知之艰，行之惟艰。'"说的就是"知易行难"，即明白认知事物的规律道理是一回事，能够做到做好是另外一回事。的确，对自己的教育教学，有反思精神和专业追求的老师都不会满足于自己现有的状况，希望自己的专业能力不断进步，育人水平越来越强，能够一直得到学生和家长的认可。然而美好的愿望和期冀不能只是纸上谈兵，应该切切实实地落到行动中。这行动就意味着改变，而改变需要坚忍的意志支撑。

可怕的是无动于衷。有些老师总给自己找足理由，例如学生基础太差了，家长素质太低了，课本内容都上不完哪有时间去尝试新做法等。更可怕的是，有人尝试新的做法，这些老师不但不支持，反而冷嘲热讽，说"出什么风头，让不让别人活了"等泼冷水的话。这不由得使人想起那个海边捡鱼小男孩的故事：每次退潮后即有千万条小鱼留在海滩，不能回到海水里。一个孩子每到退潮就来到海边，将小鱼一条条扔回海中。大人觉得很好笑，一退潮满海滩都是鱼，拣几十乃至几百条归海有什么用？但孩子却非常坚定。有人问：这么多鱼，你又不能改变它们命运，扔不扔有何不同？他看看手中的鱼答：对这条，我能改变它的命运。也许家长素质确实不理想，但我们不是正在培养下一代家长吗？如果我们不倾尽"洪荒之力"让他们学得更好，若干年后，这些学生的下一代还是要回到我们的手上，接受我们的教育。如果那时还抱怨家长素质低，那我们当年为什么没有用心地改变和提升他们的素质？这不是"搬起石头砸自己的脚"吗？

我们之所以总给自己找无数的借口和理由不去改变自己、改变现状，就是觉得要改变这一切并不是一个人能做到的，总希望有"救世主"帮我们。其实，就如国际歌里唱到的"从来就没有什么救世主，也不靠神仙皇帝！要创造人类的幸福，全靠我们自己！我们要夺回劳动果实，让思想冲破牢笼！快把那炉火烧得通红，趁热打铁才能成功！"要改变现实，唯有靠自己，只有坚持不懈地行动下去，才能慢慢地改变。

受到触动，就要行动。行动最好有一个志同道合的团队支持，因为专业研究发现，共同体可以集众之智，更有力量和坚持的动力。教育主管部门和学校应该鼓励任何经过深入思考和科学论证的创新举措。只有大家都走在了教育创新的路上，学校教育才能不断焕发出鲜活的生命力，学生才能不断感受到知识探索的无穷魅力，他们的核心素养才能在学习与生活中不断建构和丰富起来。

希望老师不只停留于触动而仰视羡慕他人的阶段，而是用我们对教育的挚爱之情和深藏的责任心，真真正正地行动起来，用坚忍的意志坚持走下去，改变教育生活，不断成就事业的新高度。

> **双赢课堂**
>
> 世上的大多事都是"知易行难"，一个真正有行动力的人，才能迈向成功。身为教师，应该在不断思索创新发展的同时，用行动促成改变。

教师须德才兼备

每个人都希望得到他人的尊敬，而要获得他人的尊敬，需做到以下两点：一是要尊敬对方，二是要具有受人尊敬的资本。

老师每天都面对着学生，要想获得学生的尊敬，首先应该尊重他们。在这个民主、法制化和个性化的时代，"师道尊严"已不能让学生对老师"顶礼膜拜"了，我们需从内心尊重他们，把他们当做独立的、有血有肉的生命、有个性的人以及朋友来看待。不动辄训斥，甚至辱骂，伤及他们的自尊心。这样，才能得到他们真正的尊重。

其次，我们还须具备让学生尊敬的资本。这资本一是"德"，二是"才"。先说才学，在这个时代，老师不再是知识的权威，人们获得知识的途径也不再是"前喻"时代上下辈间的口耳相传，获得知识多了"同喻"（同辈相传）和"后喻"（后辈教前辈）等途径。老师不能自诩自己的知识一定比学生丰富，因为学生每天都在不断学习和进步。而我们经过长期的教育教学实践，专于一两门学科，其余知识日渐忘却，在不少方面已开始落后于学生了。由此，我们唯有不断学习，努力做一个博学的老师，方能获得学生的尊敬。再说德。老师需要加强自身的师德修养。我们如能固守淡泊宁静，保持充满爱心、热爱学生、热爱教育事业、乐于奉献等美德，就一定能在学生和社会人士心中永葆教师的尊严和品性，获得更加广泛的尊重。

　　由此看来，老师应在德才上多下工夫，加强自身修养，做到学高德厚。

> **双赢课堂**
>
> 　　身为教师，应该尊重每一个学生，了解他们的不同，并引导他们朝着不同的方向发展。身为教师，还应努力提高自身的能力，德才兼备后才能教育出同样德才兼备的学生。

向魏书生学什么

魏书生是当代著名的教育改革家，教书育人的模范。他曾担任辽宁省盘锦市教育局局长和党委书记以及三四十项社会兼职，却始终不曾脱离教学的第一线。他被著名语言学家、语文教育家吕叔湘先生评价为"不是一般的教育家，他立志教育事业，有一种忘我的精神。"

笔者有幸现场聆听过他的精彩报告，也曾多遍认真拜读过他的系列著作《语文教学》《教育改革和素质教育》《班主任工作》等，更曾结合自己的教育教学实践作过一些深入的思考，对于这样一位教育界的杰出代表，我们该向他学习什么呢？

一、学习魏书生老师心无旁骛、不断奉献、视教育为生命的崇高价值观和忘我的工作作风

魏书生老师19岁当民办教师，21岁进工厂，期间经过多次申请，

最终在 28 岁时到中学任教。从走向教师岗位的那天起，他就用自己全部的身心投入到教育事业中。

对教育工作，应该怎样去对待呢？魏老师在他的报告中说："我们要有理想，要乐观进取，积极向上，要全身心地热爱教育事业，尽好自己的责任，一心一意投身教育，凡事多想办法……"他是这样说的，更是这样做的。

他认为"应该认识到人生价值的客观标准应该是：一个人为人民创造的价值减去人民给他的报酬所得的差。""人啊！要实现自己的价值，就努力地一件接一件地为人民为国家做实实在在的事情吧！做的事情越多，人生价值就越大。不要过多关注报酬，报酬越少，吃得越清淡，穿得越简朴，你的人生价值就越大。"他希望每一个人民教师要善于比，包括机遇和差的比，干劲和足的比，待遇和低的比，生活和过去比，道德和高尚的比，目标和接近的比，需要和入党时比。他期望当教师的一起来"比贡献，比工作，比干实事的风气……"

魏老师就是这样一位无比热爱教育，把全身心都投给教育事业的人，他高尚的人格和无私的奉献精神为我们树立了一座丰碑，一个可以学习的榜样。

联系起身边的某些教师，真是应该汗颜！有的老师走进教师队伍，只是迫于无奈，把教书育人只看作谋生的手段，得过且过。有的教师在教育教学实践中明显已感觉到自己素质不高，能力不足，仍不肯把时间花在提高自身的职业道德和业务素养上，只把教育看作日复一日、年复一年的重复劳动。他们往往计较于收入的高低，心思根本没有放在教育教学上，整天想着怎么去发财，业余时间怎么打发等。以这样的心态对待教育工作，我们能培育出怎样的下一代？我们的部分教师也该扪心自问:你走在教师队伍里,比起魏老师,你有多少精力在思考教育,在思考教书育人的事情?你是否有愧于"人民教师"的光荣称号?

二、学习魏书生老师甘于淡泊,乐观务实的人生态度

魏老师在他的报告中,告诫老师们做人要有满足感、知足心,要努力适应环境,脚踏实地,多干实事,珍惜短暂的人生之旅,过好每分每秒。

魏老师认为,应把批评、指责、埋怨,并企图改变别人和环境的力气,用来改变自己。他希望人们宽厚待人,严于律己。对待别人不求全责备,把埋怨、指责用来改变自己。魏老师有笑对人生的态度和乐观淡泊的处世哲学。他认为要多做实事,要对别人一片好心,与人为善,也要善于看到自己的长处,还要敢于看到自己的渺小。他说:"在广阔的天地宇宙空间,一个人只是一粒沙,甚至是比沙还小的微粒,实际上也确实如此。从漫长的人类历史长河的角度看,一个人活一辈子,七八十岁吧,也仅是整个人类历史的数百万分之一,甚至更少,是极其短暂的一瞬。这样,名誉、地位、财产这些身外之物,就更显得微不足道了。为了实现真正的人生价值,即使失去更多的名誉、地位、财产也不足惜,也能以乐观的态度对待这些东西。"从魏老师的话中可以看到,这位被尊为"现代教育圣人"的魏书生老师告诉我们,面对扑面而来的荣誉、地位、财产时,我们应有怎样清醒的认识。尤其作为肩负教育下一代重任的"人民教师"们,更该在这个纷繁的

社会中保持淡泊宁静的心态，留给这世间一方心灵的净土。

魏老师住得简陋，吃得清淡。有记者问他："你多年住在这样没有暖气，没有炉子，没有任何取暖设备的房子里，有什么感想？"他说："生活的困难能增长我吃苦的能力和耐力。这样想来，还容易心静。"是啊，魏老师可以从美丽的首都北京城开完会，谢绝山珍海味的宴会，直奔回千余里外只有萝卜咸菜的家庭餐桌旁。他对自己的生活要求那样少，但对教育、对人民奉献的却那样多，比起这样高尚的人来，我们岂止是汗颜？

三、学习魏书生老师潜心育人、倾心提高学生思想素质、语文素养的工作精神

首先学习他正确的育人思想。魏书生老师从学生一生的发展入手，倾注全部的身心培养学生成为有高情操、高素养的一代新人。他说："我们应该培养学生成为爱祖国、爱人民、爱劳动、爱科学、爱护公共财物的人，我们应该培育德、智、体、美、劳几方面都发展的人。我们应该培育有科学精神和献身精神的人。我们应该培育有理想、有道德、守纪律、有文化的一代新人。同时，我觉得还应该培育学生从自己、从身边、从眼前、从小事做起的精神。"这就是魏老师的育人观，他始终把育人放在教育的第一位。

其次应该学习他努力培养学生成为自己学习主人的工作思想，倾尽全身心提高学生的语文素养。魏老师之所以成为一代教育改革家，一代教育大师，他成功的一条经验便是帮助学生成为他们自己学习的主人。魏老师善于营造师生互助的氛围，让学生产生"我要学习，而

不是老师要我学"的意识，并在学生有了主动学习的想法后，及时给学生具体的指导方法，如阅读方法、写作方法，待学生掌握方法后，便用一系列的自检、互检、他检和师检的检查系统对学生的学习情况进行监督，起到及时督促学生成为学习主人的作用。魏老师在培养学生成为他们自己学习主人的过程中，很注重树立为学生服务的思想。他认为为学生服务，就不能强迫学生适应自己，而应该努力研究学生学习心理、原有的知识水平、接受能力等，以使自己的教学适应学生的需要。他还善于建立互助平等的师生关系，在辅导后进生时他总是事先叮嘱自己——我是在帮助学生学习，帮助就意味着必须耐心地到学生的心灵世界中寻找其好学上进的脑细胞，使之兴奋起来，学起来。老师在任何时候，对任何学生都要坚信他脑子里有好学上进的一面，这样才能调动学生学习的积极性。魏老师还努力发展学生的人性，他认为学生要成为学习的主人，就必须自觉地发展自己人性的成分，发展自己心灵深处真善美的成分，由自在的人变成自为的人。他说，作为语文教师要着重发展学生心灵中需要劳动、需要学习、需要创作的那部分人性。要坚信学生们的心灵是一个广阔的世界，坚信这个广阔的世界中存在着劳动、学习、创造的需要。除了从"心"上去教育、培养学生，魏老师还在长期的语文教学实践中不断摸索、反思、总结，形成了一套高效的阅读指导方法（四遍八步法）和作文指导方法（主要是养成学生坚持写日记——进行"道德长跑"和教给自改互改作文的方法），让广大学生真正在不断的积累和学习中，努力提高自己的思想素质和语文的学科素养，为他们在未来的人生路上打下坚实的思想和能力基础，正如魏老师常说的一句话"守住心灵的那一片宁静"。尽管他政务繁多，社会活动繁忙，但仍然坚持上好每一节语文课，他拓展学生内心的潜能并唤起他们心底的真善美,让学生从学习中知道,语文不仅是每一个人学习、工作和生活的工具,还负载着丰富的情感、深邃的思想和人类绵绵不绝的文明。语文学科不仅是工具性学科,更对形成一个人的品格、底蕴,培养一个人对社会的责任和今后终身教育的能力具有重要的奠基作用。

魏书生老师就是这样的一个人,一座教育界树立起的时代丰碑。在新的教育形势和要求面前,作为教师的我们更要有清醒而正确的教育思想,高尚的教育者人格,行之有效的教育教学方法并全身心投入到这场改革中,争做新教育形势下的魏书生。

> **双赢课堂**
>
> 在新的教育形势和要求下,教师要有清醒而正确的思想、高尚的人格、行之有效的教育教学方法,并全身心投入到教育改革中。只有这样,才能培养出真正的人。

勇于否定，便是超越

教育本身具有社会引领性，需要走在时代的前头。可是，教育的事实却是大多数的教育者，以中考、高考为借口，以社会压力大为托辞，因循守旧、按部就班地用那张发黄的老旧船票乘着今天的新客船。是时候该勇于否定自己，重塑"三观"（本文专指专业成长观、课堂观、学生观），超越自我了。

一、成长观

不少教育者缺乏职业生涯规划和终身学习意识，认为每天上好自己的课，做好自己该做的事，教学成绩不居于中下游便是尽了教职。其实，这些只是职业发展和专业成长的一部分。长期只满足于此，将会走向平庸之境。从教者从事的是一个特别需要善于自省的职业，是一个具有高度使命感的职业，因为我们每天面对的是需要面向未来的生命，他们对漫长的未来人生饱含憧憬、期望。而作为陪伴这些心智未全、可塑性强、充满活力的年幼生命的人，我们的一言一行都必定是无声的濡染。所以，教师是一刻也不应松懈的职业，是一个需要和年轻的生命一同成长的职业，也本该是一个永葆年轻和活力的职业。如何永葆年轻与活力？勇于否定自己、否定昨天，在否定中不断超越自己、超越昨天，给学生们一个正能量榜样。坚持学习、坚持反思、坚持创新实践。唯有如此，方为真正意义上的专业发展和成长，方为真正的不辱使命，尽了本职。

二、课堂观

当今的课堂，无论从观念，还是具体呈现，均处于乱象之中。理念、主义、模式之类层出不穷，让老师们无所适从。而这纷乱的背后，却是旧瓶装新酒，形式上有变化，实质上还是那张用惯了的旧船票——对学生不信任，导致课堂上的不放手，即教师中心、教材中心、知识中心。甚至一些年轻的教师，其教学观、课堂观还是陈旧的。教育不是不需要传承，只是反对墨守成规。今天的课堂，学生是学习的主体，"教教材"已让位于"用教材"。知识不是不重要，更重要的是需要让学生去亲身体验和探索知识产生的过程，并且在这个体验和探索的过程中，慢慢学会学习的方法和解决问题的方式，以及积极向上与善于合作的处事态度等。爱德加·戴尔研究发现的"学习金字塔"所实证的，我们惯用的"听讲"式（即老师在上面说，学生在下面听），学习效果最低，两周以后学习的内容只能留下5%。而通过"阅读"方式学到的内容，可保留10%。用"声音、图片"的方式学习，可达到20%。

用"示范"学习方式，可记住 30%。用"小组讨论"法，可记住 50% 的内容。而"做中学"或"实际演练"，可达到 75%。"教别人"或者"马上应用"，则可记住 90% 的学习内容。今天的课堂，需要多思考如何将学生的个体学习、团队学习、主动学习和参与式学习有机整合，以达成教学的有效。

三、学生观

今日的学生，处于信息化、全球化、知识化的大背景下，不可能是一张待老师们任意涂抹的白纸，也不可能是一些教育痴客眼中的"零起点"。现在的小孩，一入学已经是满肚子的学问，琴棋书画、诗词歌赋虽不能说样样精通，也算略知皮毛。还有一点，这些孩子对老师所代表的权威敢说"不"，敢于否定老师，是有一定批判精神的小精灵。可是一些老师抱残守缺，不去研究今天的学生，还总以知识和真理的代言人自居，以为可以用"强权"压服孩子。殊不知，这种威逼、恐吓的方式不仅使教师的威信不再，更耽误了学生们的身心健康成长。还有些教师，口中吐得出"创新精神、实践能力"等与时俱进的词汇，却在教育教学的实际过程中，以对学生考试成绩负责为由，奉"标准答案"如圭臬，不允许学生提出自己的思考和想法。如此禁锢学生思维，如何谈得上创新思维、创新能力的培养？此外，有些教师仍停留在简单、粗暴的威权模式中，正在成长期的学生自然天性勃发，行为习惯等方面犯错也在所难免，要这一大群个性鲜明的学生套入我们编织的统一模式管理大网中，谈何容易？一些老师对行为习惯有偏颇的学生，不去耐心了解其偏颇背后的原因，而是厉声斥责甚至辱骂了事。甚至采取扣分、评比等看似高效，实则简单的做法，不愿意去帮助学生认识问题所在，寻找解决之道。简单、粗暴教育方法的背后，带来的是学生对班级生活、学校生活的恐惧与安全感的缺乏。如此种种，若教师不善反思，没有勇气否定自己，否定过去，教育出的学生能走多远？

时代变了，身为教育者的我们也须改变。走出勇于否定自己、否定昨天的这一步，便是超越自我、走向教育新镜像的起点。换个角度看成长、察课堂、知学生，教育人生将更多姿多彩。让我们迈开步，一齐往前走。

双赢课堂

时代变了，身为教育者的我们也须改变。重塑三观，换个角度看成长、察课堂、知学生，将自己的教育人生变得丰富多彩。

育人第一

教师的天职是教书育人。作为教师，必然将大多数的精力、时间放在如何教好学生、让学生得以全面发展上。然而，长期从事基础教育的笔者，面对学生层出不穷的品德和思想问题，在得意于已有的教学成绩之余，蓦然回首间才发觉：育人真的比教书更重要。

不知你是否遇到过这样的情况，有些成绩好的学生只关心自己的学习，至于为集体做事，帮助同学进步之类，则是能躲即躲，可推就推。深入学生中仔细观察后，还容易发现学生间较戒备、深沉，年轻人的朝气鲜觅其踪。更让人头痛的恐怕是被视为"差生"的那一类，他们本身基础薄弱，加之懒惰，在校的日子真是"和尚撞钟"般过完一节又一节，课间他们以戏耍同学为乐，无心学习却爱哗众取宠干扰课堂。他们不懂得尊重老师、同学，更不懂得自爱，碰到作业、测验、考试时，首先想到的方法便是怎样来抄，在测验、考试中和老师玩起"群鼠戏猫"

的游戏，甚至得意于一时的"得手"，全无羞耻感……此种事情不一而足，令人深思再深思。

那么，作为教育工作者，应该育什么样的人呢？

首先，应向学生灌输大的人生观教育。即帮助学生树立为祖国、民族、人民服务的思想。在当今国际风云变幻的时代，作为祖国公民，应有为国为民族前途命运担忧，并为之奋斗的精神。我们的努力不应为一己之私，要明白"只有国富才有民强，只有国强民才不至于遭外欺"的道理。传统德育的"中心"爱国主义教育，不但不该淡化，还应加强。

二是帮助学生树立勤奋、向上的思想。"天上不会掉下馅饼来""世间没有免费的午餐"，这些中外谚语早已表明了这个道理。老师应帮助学生摒弃靠投机取巧完成学业、甚至主导人生的观念，告诉他们成就任何事，没有踏踏实实的勤奋努力是不行的，要树立起上进心、进取心。有的学生不敢面对现实，年纪轻轻就"缴械投降"，认为自己比不过别人，怎么努力也难成功，遂选择自暴自弃。面对这些学生，教师应帮助他们明白，人与人之间有差异是正常的，要求人人取得大的成功甚至成名成家是不现实的，关键是和自己比、和过去比，只要努力了、进步了，就是成功。然后再朝更高的方向努力，就能取得越来越大的快乐。

三是帮助学生树立起品德意识。要让学生明白，不管在校求学，还是走向社会，"品德好，会做人"是极为重要的。正直、诚实、守信、待人文明礼貌，宽容、合群、有善心、尊重他人、乐于助人、有正义感、敢于面对挑战等是做人的原则和根本。我们不能为眼前的利益、为自己的私利而放弃做人的原则，否则，定将得不偿失。当然，教师还要帮助学生树立起现代人、国际人的意识，为面对未来更开放、更具挑战的国际社会做准备。

> **双赢课堂**
>
> 教师培养的是祖国的接班人,因此,德行、思想、知识三方面的培养缺一不可。

善听方善教

近日读《窗边的小豆豆》，读到刚入学的小豆豆因为喜欢和经过教室窗边的艺人打招呼、仰头询问做窝的燕子、不断开启觉得新奇的书桌而被迫从第一所小学退学，和妈妈来到巴学园第一个上午发生的故事时，不禁感慨。校长小林宗作一见面便和小豆豆说："说什么都行。把想说的话，全部说给老师听听。"小豆豆便把她知道的事一件一件地说起来，校长先生边听边笑，有时候还问"后来呢"。这一说，这一听，"先生整整听小豆豆说了四个小时的话"。而且，这期间，校长先生一次也没有打哈欠，一次也没有露出不耐烦的样子。他也像小豆豆那样，向前探着身体，专注地听着。

我联想到身边的学校教育，像小林校长这样的学校管理者和老师，又有几人？在这个浮躁不安的年代，大家似乎都在用生命赶路，急匆匆却不知要去向何方。学生出现问题时，也不愿意花时间去了解、询问。

我们常用的方式是先入为主，然后主观臆断，接着便是劈头盖脸地严加训斥，最后则命令学生今后不得再犯。其实，"一花一世界，一叶一菩提"，每一个学生背后都藏着一部人所未知的成长故事。况且成长中的青少年，心智尚不成熟和健全，发生这样那样的生命小插曲，又是正常的事情。可我们的教育者哪有工夫像小林校长一样，坐下来，耐着性子倾听孩子说自己的故事？在学生出现问题的时候，我们总想用最便捷、快速的方式处理和解决问题，殊不知"知人者，乃教之先也"。只有充分了解了学生，因材施教，教育方能有效。快餐式的说教和武断的处理，留下的依然是问题，甚至是更多的问题，而且徒增了学生对教育者的反感。长期如此，教育者便得不到学生的亲近和信任，教育效果可想而知。

我们的课堂也是热闹非常。当今的学生，表现欲旺盛，一有提问或展示的环节，便小手林立，"我来，我来"之声不绝于耳。尤其是听到同学的观点和自己的不一致时，没待同学说完，"我反对"的声音已是此起彼伏，总想证明自己比别人高明。其实，热闹和表现并不是课堂的唯一形态。课堂意在让每个学生有所得，更多的时候老师需设置让学生安静读书的时间，增加安静思考和独立解决问题的环节。唯有安静，学生才能真正沉浸在文字所创造的美的氛围里，真正地融入与文字书写者的神交之中。唯有安静，学生们也才能真正地挑战自己，从多角度深入地思考有挑战性的问题，完成一次次的智慧成长。在交流展示的环节，教师应教会学生善于倾听他者的发言，这既是对他人的尊重，也可以在安静的倾听中进行深入的思考，从而发出自己的声音。

善于倾听，本该是教育的常态，而今却成了教育的奢望。也许，时代跑得太快，我们总担心自己跟不上时代的步伐，却忘了从容、淡定、优雅才是教育应有的姿态。静下心来，像小林校长一样，耐心地倾听成长中学生的想法，或许这样的教育才更有针对性和实效性。教师也应教育学生静下心来，学会倾听，不要总是抢着表现自己，也让别的同学有表现和交流的机会。只有这样，心灵与心灵才会产生共鸣，智慧与智慧才能发生碰撞，这样的成长方为有质量、有内涵的成长。

> **双赢课堂**
>
> 做一个善于倾听的老师，努力了解每个学生的特点和难处，成为学生真正的良师益友。

教到好学生是老师的幸运

教书那么多年，自己一直视教到好学生为幸运事，并把自己取得的那点滴成绩视为学生的功劳。

学生在成长路上，一直受着别人的影响。他的第一任老师父母是最大的影响者，给了他先天的智力遗传和潜移默化的影响。此外，学段越高，经历的老师越多，影响他的人自然就越多，每一个为师者只能算是孩子学习生命里的匆匆过客。如此看来，能教到好学生，难道不是老师的幸运吗？

这些优秀学生，恃才傲物很是自然，建议不要想当然地去做打压他们的蠢事，那样只会让孩子越来越看不起老师。一般而言，老师应站在他们的角度，艺术地引导规劝，让他们意识到：天很高，宇宙广袤邈远；地很广，世间藏龙卧虎。在日常教学中，考虑给多一点能够让他们充分自主发展的空间，不要设法让他们亦步亦趋、唯命是从，也不符合"为了一切的学生"的素质教育理念。

这些优秀学生，亦是老师专业成长的催化剂和推动力。登上中央电视台《百家讲坛》主讲《正说和珅》《正说刘墉》的北师大二附中的纪连海老师说："我今天的成功，完全归功于我有那么多挑剔的学生。他们是我的镜子，有时跟这些十几岁的孩子聊天，我会奇怪他们怎么如此优秀。"纪老师话中饱含着庆幸。张思明，这位荣膺过"全国自学成才先进典型"的著名特级教师说："在北大附中这个环境里生存，你需要有知识，还有一个就是让学生'逼'的。既然你教学生了，就应该让学生觉得你是一个合格老师。"

教到好学生确实是为师者的幸运，其实谁不期盼所教的每一个学生都很出色呢？要做到如此，还是引用上海市朱亦磊老师的话来做结尾吧："我希望自己拥有自己出色的学生，所以我必须使自己成为最出色的教师。"

双赢课堂　所教学生优秀与否不是老师所能决定的，但是培养出来的学生是否优秀则同老师息息相关。身为教师，应该努力提高自身的能力，肩负起培养下一代的责任。

读书二三事

读书小悟

一

年近不惑,回首人生,百感交集,面对纷扰的世间,该给自己的心灵一块栖息地,让它寻觅空灵的安放处。

忙碌中,蓦然四顾,顿觉远处似有无形的牵引者,近前似有一尊高耸的点化神正颔首默笑。

二

现在的书可谓数难胜数,鱼龙混杂,良莠难辨。有传世之经典,奥涩却值得嚼味;有虚华之书刊,或朴或艳可供囫囵。古人云开卷有益,勤开卷固然优于不读书,可无辨优劣则仅余消磨岁月之功。

三

读书可修身,此理自古而然。人谓"腹有诗书气自华",言之甚是。

读书不可强求一日之功，只需坚持读经典之书，读厚重之书。时光流逝中，你将惊觉一个人的谈吐、涵养、境界、视野、胸怀在不知不觉中变化着、丰厚着，少却了肤浅、狭隘、庸俗和傲慢，衍生了儒雅、端庄、从容和淡定。

常读书的人是可以一眼看出来的，这感觉缥缈在眉宇间，灵动于不自觉的一笑一颦中。常读书的人，身上似散发着一种无形的引力，让人亲近，让人景慕，让人欣羡。

四

在当今这个以权、钱为时尚的社会，人们为名忙、为利忙、为权忙，忘却了给自己心灵安个家，为它洗净铅华，还其本来的模样的耐心。

读书，不该仅为功利，须有长远之思。即便身缠俗务，日理万机，也当抽取哪怕一点一滴时间，亲近经典和高雅，给疲倦的俗尘清洗之机，为躁乱的心以安顿之时，为繁杂和迷茫以疗伤之际。

吾喜读书，吾养吾书卷之气

在这个物质生活极为丰富、绝大多数人衣食无忧的年代，在躁动不安的万幻世相中，我们究竟可以过一种怎样的生活？在省察自身，观照他人，杞人忧天中，所幸自己一直都是喜爱读书之人，一个能够不断追求精神世界富足之人。在书中，享受着心灵的律动，丰盈着情感的敏觉，修养着日渐积聚的书卷之气。

读书不仅可以带给我们感官的快乐，更能带给我们内心的喜悦。正如周国平所言，读书之乐，一在求知欲的满足，二在与书中灵魂的交流，三在自身精神的丰富和成长。热爱阅读的人，总有一种天然的亲和力,他像一个磁场,无形中把人吸引了过去。一个享受着读书快乐和喜悦的人,一举手一投足间,自然而然就透出一股看不见的魅力,一种让人赏心悦目的儒雅之气。这种气质是由内而外的"腹有诗书气自华",是一种天然的高贵、雅致。

能时常与喜爱读书之人交流,即便在交流中总感觉到自身的无知及浅薄,也是一次又一次的享受和提升。在仰视中欣赏和赞叹他人知识的渊博、思想的深刻、智慧的深邃。退而求思吾之欠缺,而后抱定永不懈怠的趋光之心——这是遇着高人时的心态,一种可遇不可求的人生际遇。如果邂逅知识、阅历相当者,在你来我往观点的交锋及推心置腹的恳谈间,亦是一种互通有无、交换思想的快意。

有空闲的整日光阴,或没有空余的工作之隙,坐在僻静的书房,或少人走动的空间,执一本书,沏一壶茶,茶香缭绕中,进入到书的世界。与作者神交,和不露面的朋友倾心对话,感谢他带给自己这么好的人生礼物,或由衷地感叹又一次遇着了知音。

爱读书的人,心不会衰老,始终保持着不断上进求取的心态。每一本书就是一个小小的世界,一切随缘中作为读者的我们冒昧地闯进了作者随时敞开的心灵之境。那往往是一个积极向上的,甚至催人奋进或发人深省的精神世界。我们在书中,不知不觉间被感动和鼓舞,获取着前进的动力。

喜读书之人,是善良之人、宽厚之人。喜读书,必然会在书中接触到比现实更形形色色的人等,看惯秋月春风,察遍古事今情,自然得以涵养出一个大度的胸怀,一个包容万事万物的心境。走出书的世界,面对世相万端,便能以宽忍之心度人,以仁者之心待人,必不至于放不下,耿耿于怀而百般愁结。

喜读书之人，往往也少了一些世俗之气，少了一些执着偏激的戾气，少了一些居人之上的颐指气使或"霸气"，少了居人之下的唯唯诺诺或"奴气"。喜读书之人，面目是和善的，心境是平和的，凡事也是拿得起放得下的，往往能够从从容容，游刃有余。喜读书之人，书卷之气丰盈，气盈身心，自然也总保持着精神饱满、容光焕发、神采奕奕。

吾喜读书，书读得也杂，有为着更好完成工作的功利阅读，更多时候是随性所至，有缘便潜心拜读，虔诚捧读之余还摘章择句做些读书笔记。近期从友人处讨来一套《孙中山全集》（中华书局11卷本）。两三个月来，吾虽只悉心啃读完两卷，收获却已然不少。呈现于自己面前的孙中山，已经不再是一个公式化的伟人形象，而是极为立体且富含革命、政治、实业、教育等思想的智者，这个形象在吾心中逐渐丰满高大起来。在我眼中，现在的孙中山不只是一个概念化的形象（如中国20世纪的三大伟人之一、中国民主革命的先行者、屡败屡战的革命家等），他更是一位视界高远、思想博大、公而忘私的精神领袖，一位具有系统治国思想的智慧贤哲与实践家。他丰富博大的思想在今天的中国，在未来的中国，仍然拥有着极为可贵的指导价值。

在人生的道路上，很庆幸有书这位无言的友人相伴。在纷扰的大千世界，守住精神的家园，于书卷之气中，执着于做一个纯粹的人，稳健地走着自己的人生路。

做个好学先生

中小学教师每天满负荷甚至超负荷工作，下班回到家，最想做的事就是睡觉。但如果能挤出点时间来读书，人生会变得更充实。做个好学先生，有几方面的需要。

一是工作的需要。面对新的教育形势下不断出现的新问题，若我们善于学习、勤于学习，便能学习到前人和他人的宝贵经验和做法，即便不能将这些理论直接拿来用，也定对我们的工作有很好的启发与借鉴。长期坚持，必定能提高教育教学能力与水平。

二是个人生命的需要。身为老师，可谓"桃李满天下"。但是，如果我们故步自封，如何能成为孩子们的良师益友呢？作为教师，求学十余年的知识与能力储备是远远不够的。特别是随着时代的进步和社会发展，差距会越来越大。如果不经常学习，不善于学习，生命就会处于一种停滞或半停滞状态。要知道，现在的孩子视野极为开阔，他们已在不少方面是我们的老师了。可见，学习也是生命的必然需要。

三是体验快乐的需要。有时总会觉得工作太辛苦，很难坐下来静心读书。然而我们又有这样的体验：从潜心读书中走出的自己，觉得生活是如此充实而美好，甚至是快乐无比的。课余时间读点文学著作，熏陶熏陶情感；读点短章文摘，启迪启迪心灵；读点教育教学理论专著，增加些教育教学认识。在书中，聆听叶圣陶、张志公一代大家的谆谆教导；领略一代名师于漪、魏书生、宁鸿彬的真情告白。在与他们默默的交流中，你会体验到教育教学的幸福，是充满生命体验的真情活动，教书育人又是那般有价值的事。

挤时间读点好书

爱因斯坦曾说过这样一句朴素而实在的话："人的差异在于业余时间。"乍读，似很平常，细思才觉确为人生至理箴言。

以教师为例，上班时多数是忙的，责任心强的老师忙于钻研教材，发现并纠正学生的问题，深思教好学生的良策；责任心弱的教师上完自己的课也忙，忙于串办公室。下班后，大家精神自然也倦怠了许多，回到家还要做家务、照管小孩、看电视、听音乐等。这样一来留给读书的时间就屈指可数了。而长此以往，你会发现自己和周围的多数人在业务方面相差无几，但已有几个人脱颖而出。原因何在？

"差异在于业余时间"。当我们忙于繁琐的家务和人情世故，欣赏那"精彩"纷呈的电视肥皂剧，游弋于"长城"脚下，奔波于家教劳务时，那少有的几个便在书海中畅游着。新课程来了，时代要求变了，教育思想要变，教学方式方法要变，不能死守课堂的"话语霸权"，得放下"满堂灌"的法宝，这就迫切需要每一个老师加强自身学习，确立正确的教育思想观念，摸索新的教学模式，真正让课堂活起来、学生的学科素养提高上来、创新能力培养起来。

学习无疑是苦的，甚至可以说是对意志的考验。读书能陶冶性情，缓解浮躁和不平，带领我们走进一片宁静清幽的世外桃源。

最后，拿一句话来与同行们共勉——我们这些做教师的，不论年轻或年长，每天业余都挤时间读点书，读点好书，提高并完善自己，别被人拉得太远，差异太大。

假期正是读书时

时光飞逝，一学期又近结束，假期即将到来，如何安排好寒假生活呢？笔者认为，假期正是读书时。

平日里，老师、同学各自忙于工作和学习，无暇也很难静下心来真正地读完一本书。假期,虽说是师生的放松和调整期,但仍不可不读书,正所谓"问渠哪得清如许,为有源头活水来"。老师和学生都宜尽可能利用好假期的时间,好好地读一两本书,拓宽知识视野,提升文化品位和文化素养。

选一两本好书,并逼着自己坚持读完。在这个急功近利、人心浮躁的年代,已很难安放一颗宁静的灵魂。兴之所至,拿起一本书,翻几页后却很难接着读下去,尤其是需要深思才能读懂的好书。便捷的科技工具如微信等的泛滥,大量浅阅读的蔓延都是"罪魁祸首"。长期的浅阅读导致思维的肤浅化和扁平化,长此以往必将伤害一个人的独立思考、深度思维、创新等能力。假期属于师生自己的时间相对较长,在享受轻松生活之余,阅读一两本经典的作品。于教师,可以是教育理论的著作,也可以是文学作品,还可以是自己有兴趣的其他类经典著作;于学生,可以根据学龄特点选择文学作品、科普著作等。经典读物经年月久,历经岁月淘漉,其蕴含更丰富而深厚的文化内涵,较之流行畅销读物有以一当十之价值。读经典,第一遍应精读,捧读或许总难以读进去,这时切不可弃之一旁,得逼着自己硬着头皮静心地读下去,读不进就多咀嚼和品味几遍,不必贪多求快。读着读着,就会慢慢地进入到和作者心灵的沟通和真正对话的情境之中,此时便手不释卷、欲罢不能了。

做一点书摘,读与思结合起来。好书不厌百回读,有时间的假期,建议师生们读书时,最好留一点读书的痕迹,常言道"好记性不如烂笔头"。这里所谓的"痕迹",就是边读边做旁批评注(当然是基于书是自己所有的前提)。如果是借来的书,最好做点书摘,摘抄笔记之时,又可练字,可谓一举多得。书摘也可以做成电子式,为的是今后如果再学习或引用，或转发给志同道合的读友们分享，更方便快捷。读书还需与思考有机结合起来，孔子说过"学而不思则罔，思而不学则殆"，此语尽言"学"与"思"二者相辅相成的关系。读书之时，一定要带上自己的思维，多细想作者所用语言和文章结构的用意，想要表达何种情感。还要思考该著作如何从知识结构、心灵情感及思维方面给予启迪的。在这样精心的钻研中，我们便和作者进行了真正意义上的心灵对话，也能从中得到更多的收获。

　　写一点心得，读与用结合起来。书到用时方恨少。虽说读书的目的不全是功利的，然而有目的的阅读一定比不阅读或囫囵吞枣式的阅读强。学以致用，化为实践，不失为一种有效的读书法则，也是将书读活的必然路径。读书之时，除做书摘外，也可以随手记下读书的点滴心得，待有空时，结合自己的教育实践或学习、生活实际，尝试写一两篇完整的读书笔记。空闲时，多想想书中哪些是值得我们借鉴之处，自己在教育实践和学习过程中如何借鉴运用。以读书所得推动工作和学习，可以避免日复一日的简单重复，让平常的工作、学习不断产生新意，效率提高的同时，生命的质量也将随之提升。

　　趁着假期，亲爱的老师和同学，请挤出一点时间，读点好书吧。

附 录

该附录依次为本书文章名，文章原名，该文原载于何处。

本书文章名	文章原用名	该文原载处
"一本三有"课堂观	随堂课水平才是质量的根本	原载于 2014 年 8 月 17 日《中国教育报》
建设高效课堂文化	新课程，我们需要建设怎样的课堂文化	该文获 2012 年 6 月第十届广东省中小学校长论坛征文二等奖
谨守课堂时间边界	谨守课堂的时间边界	原载于 2016 年 4 月 13 日《中国教育报》
课堂错误，宝贵资源	学生课堂错误是宝贵的教学资源	原载于 2015 年 10 月 21 日《中山日报》
课堂调控，有法可循	年轻教师课堂调控有法可循	原载于 2016 年 12 月 5 日《中山商报》
课堂专注，有法可据	课堂专注，有法可据	原载于 2016 年 3 月 2 日《中山日报》
少点"告诉"，多点探究	少点"告诉"，多点探究	原载于 2009 年 12 月 7 日《中山商报》
请记住学生的名字	记住学生的名字也是教育	原载于 2017 年 1 月 9 日《中山日报》
以学生为学习主体	教学管理须切实将"学生为学习主体"观落到每个课堂	该文获 2014 年 11 月"第十二届广东省中小学校长论坛征文一等奖
笑着走出课堂	老师，你是笑着走出课堂的吗？	原载于 2003 年 5 月 3 日《中山日报》
饮水开源话语文	把时代活水引进语文课堂	原载于《中山教育研究》2000 年第 5 期
语文教育的目标定位	审视语文教育的目标定位	该文获 2005 年中山市初中语文教学论文评比一等奖
"小儿科"激活大课堂	"小儿科"激活大课堂	原载于《中山教育研究》2004 年第 2 期
语文教学中的"主宾之道"	语文教学中的"主宾之道"	该文获广东教育学会 2012 年度学术讨论会征文一等奖
独立阅读能力之培养	可别"热闹是他们的，我什么也没有"	该文获中山市 2006 年初中语文教学论文评比一等奖
文言文教学之范背	范背是激发学生文言文学习兴趣的有效策略	原载于《语文教学之友》2001 年第 7 期
着眼于学生发展的语文课程标准	着眼于个体发展的语文课程标准	原载于《语文教学与研究》（综合版）2003 年第 2 期

（接上表）

本书文章名	文章原用名	该文原载处
创新写作教学的根本 ——观念更新	观念更新是创新写作教学的根本	该文获"十五"重点科研课题"创新写作教学研究与实验"论文评比二等奖
作文创新的"实验田"	考场：作文创新的"实验田"	该文获2004年中山市初中语文创新写作教学论文评比一等奖
在作文教学中培养成就动机	在作文教学中培养成就动机	原载于《语文教学与研究》2000年第11期
还鸟儿以飞翔的天空	还鸟儿以飞翔的天空	原载于《中山教育研究》2002年第2期
培养语文教育意识	新课程所倡导的语文教育意识	原载于《中山教育研究》2002年第5期
不考的内容就不学吗	不考的内容就不学吗？	原载于2004年2月20日《中山日报》
中考前语文的复习与备考	中考前话语文复习与备考	原载于2003年5月31日《中山日报》
教育的使命	教育如果没有了使命	原载于2008年11月17日《中山商报》
教育质量提升的突破口	教育质量提升，突破口何在	原载于2015年4月1日《中山日报》
文化是学校发展之魂	文化，学校发展之魂	原载于2015年9月23日《中山日报》
教育的幸福就是希望	教育的幸福就是希望	原载于2010年2月22日《中山日报》
四个抓手推进区域特色学校建设的实践探索	四个抓手推进区域特色学校建设的实践探索	原载于《中山教育研究》2013年第6期
学校管理倡导"浅竞争，深合作"	学校管理倡导"浅竞争，深合作"	原载于《广东教育》（综合版）2016年第3期
"走班制"会成为中山教育新的增长点吗？	走班制，会成为中山教育新的增长点吗？	原载于2015年1月14日《中山日报》
学校"重点班"当休矣	学校"重点班"当休矣	原载于2008年10月27日《中山商报》
别把小学建成"碉堡"	别把小学建成"碉堡"	原载于2008年10月27日《中山商报》
别做无能校长	别做无能校长	原载于2008年12月22日《中山商报》
不妨开设"未来家长课"	不妨开设"未来家长"课	原载于2008年10月6日《中山商报》
坚强是父母身教第一要点	坚强是父母身教第一要点	原载于2009年9月21日《中山商报》

（接上表）

本书文章名	文章原用名	该文原载处
礼仪教育应从小重视	礼仪教育应从小重视	原载于2009年2月16日《中山商报》
学校不该只有一种声音	学校本不该只有一种声音	原载2008年12月29日《中山商报》
布局调整势在必行	布局调整势在必行	原载于2002年3月9日《中山日报》
平民意识教育势在必行	平民意识教育势在必行	原载于2008年12月29日《中山商报》
请对幼儿写字说"不"	请对幼儿写字说"不"	原载于2010年3月22日《中山日报》
"差生"是可以预防的	"差生"是可以预防的	原载于2008年11月3日《中山商报》
该不该给学生压力	该不该给学生压力？	原载于2003年3月1日《中山日报》
小灰雀与海鸥	小灰雀与海鸥	原载于2003年9月19日《中山日报》
做大更需做强	做大更需做强	原载于2006年11月15日《中山日报》
教育请少找客观原因	教育请少找客观原因	原载于2008年11月17日《中山商报》
还是应坐班为好	还是应坐班为好	原载于2009年4月1日《中山日报》
学校期待少些检查	学校期待少些检查	原载于2008年12月15日《中山商报》
也说"办人民满意的教育"	也说"办人民满意的教育"	原载于2008年12月8日《中山商报》
应增加小学教师编制	增加小学教师编制，如何？	原载于2002年7月27日《中山日报》
教育公平路正长	教育公平路正长	原载于2015年3月18日《中山日报》
老师，你的一言一行很重要	老师，你的一言一行很重要	原载于2003年7月26日《中山日报》
教者的最高准则	教者的最高准则	原载于《广东教育》综合版2013年第11期
从郎平带女排的成功谈教师队伍培养	从郎平带女排的成功，谈教师队伍培养	原载于2016年9月5日《中山商报》
新教师培养：从方向到方法	新教师培养：从方向到方法	原载于2016年9月29日成都《教育导报》

（接上表）

本书文章名	文章原用名	该文原载处
学生亦为吾师——读《汤普森夫人》有感	学生亦为吾师	原载于《广东教育》综合版2014年第7-8期
让师爱注满教育之池	让师爱注满教育之池	原载于2005年5月11日《中山日报》
做个有思想的教育者	做个有思想的教育者	原载于2003年7月12日《中山日报》
从触动到行动	从触动到行动	原载于2016年11月28日《中山商报》，发表时用笔名"渚边桦"
教师须德才兼备	教师，须德才兼备	原载于2002年11月6日《中山日报》
向魏书生学什么	向魏书生学什么？	该文获2004年3月中山市"师德建设大家谈"征文评比二等奖
勇于否定，便是超越	勇于否定，便是超越	原载于2015年11月11日《中山日报》
育人第一	育人第一	原载于2003年4月12日《中山日报》
善听方善教	善听方善教	原载于《中山教育研究》2017年第1期
教到好学生是老师的幸运	教到好学生是老师的幸运	原载于2010年3月8日《中山日报》
读书二三事	读书小悟	原载于2009年9月6日《中山日报》
读书二三事	假期正是读书时	原载于2016年1月20日《中山日报》
读书二三事	挤时间读点好书	原载于2004年1月16日《中山日报》
读书二三事	吾喜读书，吾养吾书卷之气	该文获第十届"悦读·修身"中山读书月征文大赛二等奖

后　记

出一本书需要很大的勇气，最怕文章太平庸，没人愿意读。可回首走过的教育之路，和还将要继续走下去的路，我希望进行一个阶段性的小结并鞭策一下逐渐怠惰的自己。

取名《走在课堂边上》原因有二。其一，在自己从教之初的15年中，虽然每天进课堂，然而因经验、禀赋、悟性之欠缺，今日回眸，发觉那些青葱岁月中更多的是激情，并不能算真正悟出了课堂教学的本质和教育之精髓，顶多算是走在了课堂的边上，即登堂了却没有入室。其二，工作15年之后，转入基层教育主管部门，更多时候坐在课堂后边，聆听众多同行陪伴学生度过一节又一节的课，虽一直不曾离开课堂，但不站讲台的我只能算一个课堂边上的学习者、观察者和交流者。今天坐在课堂里的我，有如安泰双脚立于大地，特别踏实。感谢每一位同事同行，你们都是我可敬的老师。

吾本资质庸常，所幸得勤劳父母言传身教，不甘堕落。整整25年的工作生涯里，我大多时间勤力投身工作，努力地做着每一件事情。工作之余也不忍时光虚走，逼自己多读书、多思考、多动笔。所幸天道酬勤，在不间断的读写思做之后，有了那么一丁点的收获。回首之余，遂鼓起勇气出版这本小书，旨在鼓励更多的同行，只要心中有方向、肯努力，一定可以做得更好。

书里的小文，都曾发表或获奖，归结一下，其共同点就是对教育教学问题的思考，这些思考没有仅仅停留于批评层面，而是拿出了哪怕一点点解决问题的粗浅看法。教育关乎千家万户，也涉及方方面面。圈内外的人，看似无一不懂教育，人人都能看到一堆堆的瑕疵，假如要批评批判，谁都可以列上几十条。可是，教育中更重要的是直面问题，发现问题背后的真相，并且提出解决之道的能力。吾之小文，试图以自己短浅的认识，轻浅的实践找到一些可适当改变的法子，以供同仁思考，或启发大家一起来思考，而非视而不见，或是老调重弹、"山河"依旧。

本书的出版，要感谢很多人。教育前辈的悉心指点，同行同事的理解鼓励，还有那些肯给予版面发表吾拙文的报刊及可敬的众编辑老师们，是大家的鼓励让我始终保持着对教育的深情。也感谢中山出版公司的领导和编辑，是他们愿意为我提供这一个自露其丑的平台。最后还要感谢为我的小册子作序并给予鼓励的各位专家和前辈们。感谢大家！

黄嘉宏
2017 年 8 月于中山南朗